Undine Wolfram

HAUT –
Männer lieben INNERE WERTE

Frauen und Schönheitsgesetze

Herstellung und Verlag

BoD-Books on Demand, Norderstedt

ISBN: 978-3-7431-6760-5

Foto/Cover: ©ASjack/fotolia.com

Umschlaggestaltung: Patrik Wolfram

Lektorat/Korrektorat: Gerhard/Schröder

UNDINE WOLFRAM

HAUT
Männer lieben innere
Werte

Frauen und Schönheitsgesetze

Für JÖRG und William

Inhaltsverzeichnis

Einleitung 10
Fallbeispiele aus der Praxis 12
   Annabell und die Verführung 12
   HYALURON - perfekter und gesunder Faltenkiller 15
   Scheiß Cellulite! 18
   Bio-Creme-Manufakturen und der Lottogewinn 18
   Bio-Apfelessig, das natürliche Wundermittel 19
   MÄNNER lieben innere Werte – oder etwa nicht? 22
   Glatze – oder lieber nicht? 24
   GENE – Irgendwas muss ja schuld sein 27
   Das kluge Bauchgefühl von taffen Müttern - Fred 28
   Wir wollen gut leben 31
   Lippenstift – Der große Verführer! 32
   Rettung für schöne Lippen mit Pflege und Ästhetik 34
   Die wichtigen Frusteinkäufe 35
Die fünf Schritte zu einer gesunden und schönen Haut: 37
Erster Schritt zur schönen und gesunden Haut: Achten Sie auf die Inhaltsstoffe! 38
   Rosenwasser – echt oder unecht? 39
   Hilde und Manfred – Käse und das Hinterteil 40
   Propolis – Wundermittel für Haut, Zahnfleisch und verstopfte Nase 41
   Verstopfte Nase 44
   Sybille und ein Igel 45
   Seifenerlebnis pur 51
Zweiter Schritt zur schönen und gesunden Haut: Reinigung, Eincremen und Umgang 53

Dritter Schritt zur schönen und gesunden Haut:
Die Zusatzprogramme 56

PEELING-Anwendungen..58

Vierter Schritt zur schönen und gesunden Haut:
Stress – Schlaf – Essen..61

Fünfter Schritt zur gesunden Haut:
Auszeiten für Haut und Seele…..63

WASSER – Gesundmacher für Haut und Seele..............64

Sonnenmilch, der große Schummler 66

    Wir wollen Schutz um jeden Preis! 66

    Sonnenmilch – die versteckte Bedrohung und
    das Spiel mit der Angst 66

    Der UVA und UVB-Unterschied 67

Geschichten zum Schmunzeln 71

Elsbeth und Hubert und ein unerwartet schöner Abend 71

Mascara – Endlos lange Wimpern 76

Studie: Werbung – Ein fragliches Spiel mit unserem
Reptiliengehirn 76

Hyaluron oder Botox 77

Fallbeispiel aus der Praxis:
Katrin, Heinz und Bernhard und 7 Flaschen Bier 79

Wie cremen wir richtig ? 81

Gönnen Sie sich eine echte Biocreme........................82

Was sind die entscheidenden Vorteile von
Bio-Cremes bzw. Manufakturcremes?........................83

Haut, Hygiene und Creme...86

Individuelle Hautcreme 88

Ein guter Rat..91

Das Schnieferlebnis an der Theke...................................92
Alle lieben Geld..93
Schlusswort.. 96/97
Quellen/Nachweise...98/99/100

HAUT – Männer lieben innere Werte

Undine Wolfram beschreibt in ihrem zweiten Buch unverkennbar und mit viel Humor das Thema Haut und ihre Schönheitsgesetze. Sie begleitet die Leserin/den Leser in beeindruckender Weise dabei, authentische Lösungen zu finden, die zu einer schönen und gesunden Haut führen, um sich innerlich und äußerlich wohlzufühlen; Lösungen gegen Hautprobleme wie Falten, Unreinheiten, Pickel, Akne, Neurodermitis, Altersflecken, Couperose etc.

Wege zu einer gesunden und schönen Haut. Frau und Mann von heute können – dermatologisch gesehen – zeitlos schön sein.

Einleitung

Wenn Sie den richtigen Schönheitsweg mit sich und Ihrer Haut einschlagen möchten, dann machen Sie sich mit diesem Buch auf die Reise. Es wird Ihnen aufzeigen, wie es uns mit dem Thema Schönheit im Alltag ergeht, dass weniger meist mehr ist und die Wichtigkeit in den Inhaltsstoffen einer Creme liegt und ganz besonders im Umgang mit uns selbst. Schönheit und Schönheitsgesetze unterliegen keinem Zufall. Jeder kann überdurchschnittlich attraktiv aussehen – besonders im Hinblick auf das Hautbild.

Ich werde Sie aufklären, was in Ihrer Creme enthalten sein soll, damit Ihre Haut aussieht, wie Sie es sich wünschen, was Ihre Hautzellen wirklich brauchen und was Sie lieber weglassen sollten, – es sei denn, Sie möchten Ihre Hautprobleme beibehalten.

Wir tauchen ein in Fallbeispiele von Menschen, die meine Praxis aufgesucht haben, meist völlig verzweifelt, weil ihr Hautzustand miserabel war und sich Probleme in Form von Pickeln, Rötungen, schuppigen Bereichen, Neurodermitis bis hin zu Ekzemen eingestellt hatten – meist begleitet von Altersflecken oder vielen kleinen fiesen Äderchen, welche auf Nase oder Wangen – manchmal sogar Kinn und Stirn – für jeden gut sichtbar waren. Ein Anderer klagt über verstärkte Faltenbildung, die zu früh und zu scharfkantig einsetzt. Aber Sie wissen ja, man muss zu seinem Alter stehen, oder nicht? Dieser Glaubenssatz reicht jedoch meist nur bis zu einer ehrlichen Analyse unseres Hautbildes.

Wir dürfen erkennen, dass die Haut eines unserer dankbarsten Organe ist und wie schnell sich ein schlechter Hautzustand verbessert – auch Ihrer – wenn man der Haut kraftvolle und vor allem die richtigen Naturstoffe zufügt. Auch, dass Schönheit kein Zufall ist. Und vor allem, dass Schönheit eben nicht im Auge des Betrachters liegt, sondern Mann und Frau bei diesem Thema das eine oder andere Mal anders ticken, als wir glauben wollen. Und vor allem: Jeder kann seine Attraktivität entdecken und entwickeln – zumindest fast jeder.

Mein Buch soll Ihnen wichtiges Wissen, basierend auf langjährigen beruflichen Erfahrungen, über Ihre Haut und die Zusammenhänge mit Ihrer Seele vermitteln, mit viel Humor und konkreten Lebensbeispielen von Mann und Frau.

Haut – Spiegel der … ? (bitte selbst einsetzen).

Fallbeispiele aus der Praxis
Annabell und die Verführung

Annabell war seit Langem auf der Suche nach einer passenden Hautcreme. Sie hatte in den letzten Jahren viele Produkte ausprobiert: von teuer bis preiswert, vom optisch ansprechenden Luxustöpfchen bis hin zur schlichten Plastiktube – alles war dabei gewesen. Gebracht hatte es ihrer Haut jedoch nichts – außer immer größer werdenden Hautproblemen. Ihre Falten sollten laut Aussage der taffen, wenn auch ein bisschen zu viel Make-up tragenden Verkäuferin in wenigen Tagen minimiert oder teilweise sogar gänzlich verschwunden sein. Allerdings nur, wenn Annabell *genau diesen* Cremetiegel kaufen würde.

Annabell schaute, nachdem sie für besagtes Luxustiegelchen tief in ihr Portemonnaie gegriffen hatte, Tag für Tag erwartungsvoll in den Spiegel. Sie ertappte sich schon früh morgens dabei, wie sie sich auf ihr Spiegelbild freute. Schließlich war die Hoffnung groß, endlich eine straffe und wunderschöne Haut zu sehen zu bekommen. Sie lächelte beim Betreten erwartungsvoll ins gemütliche Badezimmer. Ihr Spiegelbild empfing sie freudig, allerdings nur für eine Sekunde. Dann erschrak sie über das, was sie dort sehen musste: Die Knitterfalten um ihre Augen herum, welche sich über Nacht eingestellt hatten, traten noch stärker als bisher zum Vorschein. Die ausgeprägten Krähenfüßchen unterhalb ihrer Augen erinnerten eher an eine Krähe, als an eine schöne und gesunde Haut. Annabell spürte beim Streichen über ihre Wangen, wie rau sich die Haut anfühlte.

Natürlich hatte sie am Vorabend beim Auftragen der Luxuscreme ein Brennen auf ihrer Haut bemerkt. Sie ging aber davon aus, dass ihre Haut wohl nichts Gutes gewöhnt war. Schließlich hatte sie sich diese versprochene Verjüngungskur etwas kosten lassen. Sie hatte nämlich bei einer Damenverkaufsrunde der so nett lächelnden Privatverkäuferin gleich die gesamte Palette für sage und schreibe 309,44 € abgekauft – nur das Beste, wie sich Annabell noch beim Verlassen dieser Verkaufsrunde einredete. Selbst die Verkaufstüte versprach puren Luxus, der Annabell wohl zustand. Ihrem Mann jedoch würde sie vorerst nichts davon erzählen, zumindest nicht von dem stolzen Preis – oder erst, wenn er ihre makellose Haut wahrnehmen würde ...

Makellos sieht anders aus, musste sie sich beim Blick in den Spiegel eingestehen. Rückblickend sah sie sich in einem fremden Wohnzimmer inmitten anderer Frauen sitzen, voller Hoffnung, dass – so eine Bekannte – die hier zwischen Schrankwand und Couch verkauften Hautartikel unschlagbar wären. Es erinnerte zwar eher an eine Tupper Runde, allerdings ging es hier nicht um den Verkauf von Küchenutensilien. Nein, hier wurde etwas für die Hautpflege der hier anwesenden Damen verkauft.

Annabell verdrängte ihr Gefühl, das sich beim Anblick der selbst ernannten Promoterin breitmachte: Die fahle und faltige Gesichtshaut der hier im Wohnzimmer befindlichen sogenannten Freizeitverkäuferin sah trotz vieler Schminke im Gesicht krank und faltig aus. Annabell nahm einen großen Schluck des warmen Spumantes. Nach zwei Gläsern des lustigen Gesöffs setzte in ihr langsam der Entspannungsmodus ein. Das Kichern in der Runde und die Gespräche um Haushalt, Mann und Hund ließen Themen wie Gesundheit und Hautprobleme sowie die Sehnsucht nach ewiger Jugend in den Hintergrund rücken. Was Annabell aber dieses Mal nicht versäumte, war hinsichtlich der **Inhaltsstoffe** nachzufragen.

Die Freizeitverkäuferin geriet augenblicklich ins Stocken. Ihr war die Frage sichtlich unangenehm. Abrupt brach das bis dato lustige Gegacker der hier anwesenden Frauen ab. „Es ist doch wichtig, was drin ist", gab die Rothaarige neben Annabell zu bedenken. Einstimmiges Nicken in der Runde, nur die Gruppenleiterin der Tupperkosmetikrunde hielt sich zurück. Sie wies daraufhin, dass man – in diesem Fall wohl eher Frau – eine Menge Punkte mit jedem gekauften Artikel sammeln könne. Und wenn eine der hier anwesenden Damen die Punktzahl 1000 erreichte, gäbe es gratis ein Ampullenset dazu. Annabell konnte in diesem Augenblick noch nicht ahnen, dass das Wort *Ampullenbehandlung* für sie eine ganz andere Bedeutung bekommen würde. Auch nicht, dass nach der Anwendung der hier verkauften – zwar optisch sehr ansprechenden, inhaltlich aber äußerst fragwürdigen – Ampullen es ihr heiß wie Feuer in die Wangen schießen würde.

Der erschrockene Blick in den Spiegel verriet ihr, dass es jetzt nicht mehr schlimmer kommen konnte: rote Quaddeln bildeten sich auf der Gesichtshaut. Sofort breitete sich Panik in der sonst so gelassenen Annabell aus. Sie hastete zum Telefon, um ihre Freundin Hilde anzurufen. Diese war eine Viertelstunde später mithelfenden Hautartikeln zur Stelle: dem Wundermittel Bio-Apfelessig sowie einer echten Bio-Manufakturcreme. Annabell hatte sehr wohl bemerkt, dass ihrer Freundin fast die Gesichtszüge entglitten, als sie ihren Hautzustand sah. Hilde tränkte ein Wattepad mit kühlem Wasser und beträufelte dieses leicht mit Bio-Apfelessig. Vorsichtig tupfte sie Annabells Gesicht damit ab. Sie wiederholte diese Prozedur mehrfach. Annabell musste überrascht feststellen, dass neben dem gewöhnungsbedürftigen Apfelessiggeruch und kurzzeitigem nochmaligem Brennen schnell Linderung auf ihrer geschundenen Haut einsetzte.

Danach zog Hilde aus ihre Handtasche eine Bio-Manufakturcreme, von der sie schon des Öfteren schwärmend erzählt hatte. Substanzen wie Bio-Sesamöl und kostbares Propolis entfalteten darin ihre volle Wirkung. Das Besondere bei dieser Creme war, dass keinerlei chemische und künstliche sowie fragwürdige Zusatzstoffe enthalten waren. Somit lernte Annabell zum ersten Mal eine *echte* Creme kennen, die ihrer Haut endlich ein schon lange nicht mehr empfundenes, höchst entspanntes Hautgefühl brachte. Annabell musste zugeben, dass Hildes Haut, obwohl sie einige Jährchen älter war als sie, einfach klasse aussah, seitdem sie diese reinen Bio-Manufakturcremes benutzte. Annabell hatte die frühere Leidensgeschichte ihrer Freundin hinsichtlich ihrer Hautprobleme mitbekommen. Das hatte sich grundlegend geändert, seit Hilde bewusste Wege mit BioDiVeda Manufakturcremes gegangen ist. Und nun hatte Annabell selbst dieses wunderbare Erlebnis spüren können, welch heilsame Wirkung eine echte Biocreme für ihre Haut hatte.

Hilde drückte ihrer hilfesuchenden Freundin das kostbare BioDiVeda-Propoliscremetöpfchen zur weiteren Behandlung in die Hand.

Annabell erlebte bei der sich anschließenden Behandlung Einzigartiges: Ihre Haut stabilisierte sich in beeindruckend kurzer Zeit! Die starken Schwellungen und Rötungen verschwanden schneller als vermutet. Sie konnte sich kaum erinnern, in den letzten Jahren solch ein angenehmes Hautgefühl verspürt zu haben, machte es ihrer Freundin gleich nach und besuchte eine Praxis für echte Biokosmetik per Manufaktur auf. Sie war erstaunt, dass nicht verlangt wurde, unzählige Tiegel und Töpfchen zu kaufen, sondern sie bekam eine einzige BioDiVeda Anti-Age zur morgendlichen und abendlichen Behandlung mit. Was diese authentische Creme so auszeichnet, ist neben besten und reinsten Bio-Ölen und Wirkstoffen unter anderem ein echter Anteil an Hyaluron.

HYALURON - perfekter und gesunder Faltenkiller

Hyaluron ist und bleibt ein Zaubermittel für unser Hautbild. Es löst Faltenprobleme in kürzester Zeit. Was diesen Stoff so einzigartig macht, ist, dass er – im Gegensatz zu Botox – nicht giftig, sondern für Mensch und Tier sehr verträglich ist. Jeder Mensch und jedes Tier besitzt in der Haut Hyaluron. Durch diverse Faktoren wie exzessive Sonnenbestrahlung, Rauchen, Stress, Ernährung – was im tieferen Sinne alles miteinander zusammenhängt – treten frühzeitiger Hautschädigungen und Falten auf.

Häufig fangen wir dann an, intensiver zu cremen, merken jedoch in den meisten Fällen, dass Fett und Öl nicht die erwartete Lösung bringen. Sie können fetten, soviel Sie wollen – die Falten werden davon allein nicht verschwinden.

Wichtig ist, dass Sie eine Hautcreme benutzen, welche keine *Formaldehydspalter* enthält. Dieser umstrittene Stoff ist in sehr vielen Cremes enthalten und soll u. a. die Creme unendlich lange haltbar machen. Wenn Sie eine echte Biocreme ohne Parabene, Mineralöle (Erdöl), künstliche Duftstoffe, aber dafür mit hochwertigsten Bio-Hautölen wie Jojoba-, Sesam- und Mandelöl sowie Wildrosenöl oder Argan anwenden und diese dann tatsächlich einen guten Anteil (echtes) Hyaluron enthält, können Sie davon ausgehen, dass sich Ihre Haut beeindruckend stabilisieren wird: Das Porenbild wird feiner, harte Faltenkanten werden sichtbar minimiert. Studien zeigen deutlich, dass sich Hyaluron in Faltenkanten und -brüche legt und diese optisch minimiert. Kleinste Fältchen können sogar verschwinden.

Hyaluron ist ein kostenintensiver Bestandteil. Daher ist es schwierig, eine Creme zu finden, die tatsächlich einen höheren Anteil dieses kostbaren Stoffes enthält. Gern würde ich Ihre Vorstellung nähren, dass in den meisten Cremetöpfchen, die wir im Alltag so vorfinden, solche hochwertigen, aber auch kostenintensiven Wirkstoffe wiederzufinden sind. Sie können sich jedoch in Kürze die Frage selbst beantworten, ob in den werbestrategisch angepriesenen Töpfchen tatsächlich Bestes für Ihre Haut enthalten ist:

Wie viel investiert die Kosmetikindustrie tatsächlich in den Inhalt einer Creme?

Sie dürfen wählen zwischen 0 bis 100 %.

Wie lautet Ihre Antwort?

Richtige Antwort: ca. 1%!

Nur ca. 1 % investieren die Großkonzerne in die Substanz bzw. Inhalte eines Cremetöpfchens. Ein großer Anteil wird in Werbung und besonders ins Marketing des Produktes gesteckt. Der Rest ist wohl deren Gewinn. Sie dürfen sich klug selbst beantworten, ob geringe Investitionen in eine CREME-Substanz ein hervorragendes Hautprodukt mit sich bringen können.

Sie dürfen wählen zwischen den Antworten: *Nein oder Nein?* Bravo. So ist es. Leider.

Folgende Stoffe sollten u. a. in Ihrer echten Biocreme enthalten sein:

- **Bio-Hautöle von höchster Qualität** wie zum Beispiel Jojobaöl, Mandelöl, Wildrosenöl, Argan, Sesam usw.

- **Wirkstoffe, die wichtig für Haut und Hautzellen sind:** Propolis (einzigartig), D-Panthenol, Co-Enzym, Hyaluron, Zink, Magnesium

Wir dürfen uns gern in die eigene Tasche lügen und glauben, dass Großkonzerne wirklich an unserer Haut oder der von Frau Meier, Schmidt und Lehmann interessiert sind.

Kein Mensch kann jeden Tag die Wahrheit ertragen!

Deshalb ist es legitim, wenn wir ab und zu auf Werbung hereinfallen, die uns beispielsweise das Versprechen gibt, selbst der Cellulite am Hinterteil von uns Frauen nur mit einer sogenannten Cellulitecreme den Garaus machen zu können. Laut Großkonzernen und deren Werbung braucht Frau von heute keinen Sport, und gesunde Ernährung schon mal gar nicht. Auch die Bedeutung von Massagen, welche bewirken, dass Schlacken und Verspannungen abgetragen werden – somit die Haut angeregt wird sich zu entgiften, wird in den ausgeklügelten Werbespots nicht erwähnt. Lediglich ein permanent weißes Lächeln – wie beim Werbemodel – und das Auftragen der nicht gerade preiswerten Cellulitecreme reichen laut Fernsehwerbung aus. Ab morgen sollte Gerda – genau wie Hilde, Sabine, Anja, Sybille, Andrea, Simone, Katrin, Tina, Gabi und Co. mit einem prallen, wohlgeformten Po herumlaufen. Dank der blauen Cremedose soll das angeblich funktionieren.

Scheiß Cellulite!

Barbara muss beim Betrachten im Spiegel zugeben, dass ihr überproportionierter Hintern immer noch aussieht wie gestern und vorgestern. Auch die großen und kleinen Dellen, welche schon mal Cellulite heißen, befinden sich immer noch standhaft an ihrem Hinterteil. „Scheiß Cellulitecreme" hört sich Barbara sagen. Sie hat recht, wenn sie meint, für dieses Geld hätte sie sich eher einen guten Champagner kaufen können. Der hätte zumindest für guten Genuss und die Vertreibung von schlechten Gedanken gesorgt – wenn auch nur vorübergehend, aber immerhin. Zumindest ist Barbara zutiefst berührt von ihrem schönen Hautbild dank einer nun endlich echten Bio-Creme DiVeda aus der Creme-Manufaktur.

Bio-Creme-Manufakturen und der Lottogewinn für Ihre Haut

Bio-Creme-Manufakturen, welche noch selten zu finden sind, sind dem Handwerk und höchster Qualität verpflichtet. Das macht sie so einzigartig. Statt Masse geht man hier auf Klasse. Wir brauchen nicht extra den Sternekoch zu befragen, ob es sich für eine überschaubare Gästeanzahl qualitativ besser kocht als für eine Großveranstaltung, bei der Zeitdruck und Masse abgedeckt werden müssen. Auch die taffe Hausfrau weiß, dass es sich für einen kleinen Gästekreis leichter einkaufen und kochen lässt. Barbara, Kerstin, Gerda und Hilde setzten auf Qualität und integrierten in ihr tägliches Hautpflegeprogramm das Wundermittel Bio-Apfelessig. Gern würde ich Ihnen zurufen, integrieren Sie in Ihrem Haushalt und vor allem im heimischen Bad diesen göttlichen Stoff auch für Ihre Hautpflege.

Das sollten Sie sich wert sein!

Bio-Apfelessig, das natürliche Wundermittel

Apfelessig erlebt seit Längerem eine Renaissance. Das ist berechtigt und resultiert aus den unzähligen Wirkstoffen, die der Apfel mit sich bringt. Er ist und bleibt ein echtes Heil- und Wundermittel für Haut, Haare und den gesamten menschlichen Organismus.

Wie in meinem ersten Buch *Leben, Schönheit und alles Cremige* erwähnt, ist Bio-Apfelessig nicht von einer vernünftigen Hautbehandlung wegzudenken. Die Anwendung kann wöchentlich oder täglich in den Ablauf integriert werden. Nehmen Sie ein Wattepad und befeuchten dieses mit Wasser. Danach tropfen Sie einen kleinen oder größeren Schuss Bio-Apfelessig auf. Anschließend fahren Sie mit dem Pad über das gesamte Gesicht, den Hals und das Dekolleté – gern auch über das Schienbein, da Apfelessig die Haut entschlackt (entgiftet). Schienbeinregionen sind Entschlackungszonen. Das äußert sich durch hin und wieder auftretendes Jucken in diesen Bereichen. Auch können diese Partien vom Hautzustand her trockener sein als andere und zeitweise sehr verschuppt.

Bio-Apfelessig unterstützt die Haut bei wichtigen Prozessen, auch hinsichtlich des wichtigen pH-Werts. Nach dem Auftragen des Bio-Apfelessigs kann es zu kurzem Brennen und zu Rötungen der Haut kommen, was völlig normal ist und sich in der Regel nach ca. 20 bis 30 Minuten reguliert. Anschließend sollten Sie ihre Biocreme auftragen, gern auch Bio-DiVeda Anti-Age oder Propolis.

Bei Herpes sollten sie zeitnah die entsprechende Stelle mit einem in Apfelessig getränkten Wattepad abtupfen und danach die BioDiVeda Propolis auftragen. Sie werden tatsächlich bemerken, dass sich die lästigen Bläschen nicht mehr so stark oder gar nicht mehr durchdrücken. Die einhergehenden Rötungen und das unangenehme Spannungsgefühl, welche mit diesem Virus einhergehen, verschwinden schnell, wenn Sie in regelmäßigen Abständen von zwei bis drei Stunden

Bio-Apfelessig auf die Herpesstellen auftragen sowie besonders die erwähnte – und wir dürfen es so benennen – „göttliche" BioDiVeda Propolis. Etliche Kundinnen, die mit Herpesbefall zu tun haben, erzählen mir, dass sie stets ein kleines 5 ml Propolis-Töpfchen dabeihaben. Somit können sie sofort reagieren, wenn die Haut über den Ausstoß von Herpes reagiert, was meist verbunden ist mit Stress oder Krankheitsphasen.

Wenn Sie unter einer **Erkältung und Husten** leiden, lege ich Ihnen das Trinken von Bio-Apfelessig ans Herz: Einen Schuss davon in ein Glas Wasser geben und in kleinen Schlucken über den Tag verteilt trinken! Sie werden sehen, dass sich der Husten viel schneller löst. Auch bei Halsschmerzen ist Bio-Apfelessig gut zum Gurgeln einsetzbar. Sie können sich auch einen Halswickel mit Apfelessig machen.

Apfelessig enthält überdurchschnittlich viel Mineralstoffe, wie Magnesium, Kalium oder Kalzium. Diese unterstützen den Stoffwechsel des Körpers und sind weiterhin wichtig für den gesamten Aufbau des Körpers, die Stärkung des Immunsystems, die Abwehr schädlicher Bakterien und die Erneuerung der Zellen. Apfelessig hat eine positive Auswirkung auf die Gesundheit des Menschen, denn er versorgt den Körper mit den wertvollen Inhaltsstoffen der Äpfel, die bei der Weiterverarbeitung fast alle in den Essig übergehen.

Studie: In einer Studie der Florida State University kam Dr. Bahram H. Arjmandi zu dem Ergebnis, dass Äpfel das (schlechte) **LDL-Cholesterin** um 23 Prozent reduzieren, während sie das (gute) HDL-Cholesterin um 4 Prozent erhöhen.

Bereits *Hippokrates*, Begründer der modernen Medizin, empfahl die Anwendung von Apfelessig. In der **Heilkunde der bekannten Ordensfrau Hildegard von Bingen**, Äbtissin des Klosters Rupertsberg, war Obstessig ein fester Bestandteil. Der menschliche Körper profitiert von der optimalen Zusammensetzung der Inhaltsstoffe und dem harmonischen Zusammenspiel von lebenswichtigen Vitaminen, Mineralstoffen und

Spurenelementen sowie Essig-, Propion-, Milch- und Zitronensäuren sowie einer Reihe von Enzymen und Aminosäuren, außerdem Ballaststoffen wie Pottasche und Pektin.

Bei Halsschmerzen können Sie einen kleinen Schuss Apfelessig mit einem halben Teelöffel Meersalz und einem Becher lauwarmes Wasser vermischen und damit gurgeln. Dies wirkt entzündungshemmend und desinfizierend. Mit Apfelessig kommt es zunächst zu einem leichten Brennen, was aber nach kurzer Zeit nachlässt. Danach sind gründliches Zähneputzen und sorgsames Spülen des Rachens und Mundraums mit lauwarmen bis kühlerem Wasser angesagt.

Blaue Flecke und Schürfwunden auf der Haut verschwinden in rasanter Zeit, wenn diese Hautstellen mittels eines Wattepads mit Apfelessig behandelt werden. Danach sollten Sie die BioDiVeda Propolis in regelmäßigen Abständen auftragen. Sie werden beeindruckt sein, wie schnell besagte blaue Flecken verschwinden. Wer unter Schuppen leidet und/oder Haarausfall, ist neben der Eigenurinbehandlung (Urea) gut beraten, den kostbaren Bio-Apfelessig in seine **Haarwäsche** zu integrieren. Nach der Haarwäsche geben Sie einem Wasserbecher einen großen Schuss Bio-Apfelessig hinzu und gießen diesen zum Abschluss über die Haare.

Danach – wenn Sie das Glück haben, im Besitz einer BioDiVeda Manufakturcreme Anti-Age oder Propolis zu sein – sind, können sie eine kleine Menge davon in die feuchten oder trockenen Haarspitzen einkneten.

Dies macht das Haar weder schwer noch schmierig, sondern gut kämmbar und glänzend. Weder verklebt es das Haar noch den Haarfollikel – wie das bei vielen Haargelen und Haarspray der Fall ist, auch wenn wir dies gern ignorieren würden. Sie wissen ja, wir achten meist erst dann auf unsere gesundheitlichen Belange, wenn der Körper nicht mehr so mitmacht, wie wir uns das vorstellen.

MÄNNER lieben innere Werte – oder etwa nicht?

Studien, wie die von Professor Penke, Biologischer Persönlichkeitspsychologe an der Universität Göttingen, belegen, dass Schönheit leider nicht im Auge des Betrachters liegt. Wir müssen stark sein, da wir erahnen, dass beim Thema Schönheitsgesetze es nicht immer fair, manchmal sogar ungerecht und nicht nachvollziehbar zugeht und somit die inneren Werte von Frau und Mann doch nicht immer auf Platz 1 bei unserer Bewertung stehen. Und doch möchte fast jeder aufgrund seiner inneren Werte geliebt werden – gesetzt den Fall, er oder sie hat welche.

Professor Penke bestätigt weiter, dass auf allen Kontinenten, in allen Gesellschaften hinsichtlich der Frage, was Menschen an Frauen schön finden, ähnliche Ergebnisse herauskommen. Die in der Forschung benannte „physische Attraktivität" (wie Schönheit dort genannt wird) ist an bestimmte Kriterien geknüpft.

Als wissenschaftlich erwiesen gilt, dass eine schöne Frau zunächst einmal eine *durchschnittliche* Frau ist. Bereits 1990 haben die amerikanischen Psychologinnen Judith Langlois und Lori Roggmann dies nachgewiesen. Sie mischten Fotos von Gesichtern digital miteinander. Heraus kam, dass ein Durchschnittsgesicht den Testpersonen besonders gut gefiel. Dieser Befund hat sich seitdem oft bestätigt. Bedeutsame Kriterien sind: Die Ohren stehen nicht zu weit ab, nichts im Gesicht ist zu riesig oder zu klein, es sollte keine sichtbaren Makel wie z. B. Warzen am Kinn aufweisen. Makellosigkeit wird mit guter Gesundheit gleichgesetzt, und die menschliche Psyche fühlt sich mit Prototypen wohl. Je weiblicher die Züge einer Frau auf den Betrachter wirken, als umso schöner wird diese empfunden: große Augen, volle Lippen, eine hohe Stirn. Auch eine hohe Symmetrie von Gesicht wie Körper scheint auf die Gesundheit einer Frau hinzudeuten. Ein besonders wichtiger Aspekt ist der Zustand ihrer Haut. Sie sollte glatt und möglichst gleichmäßig gefärbt sein. Professor Penke weist ferner darauf hin, dass man vermutet, die Beschaffenheit der Haut könne für die Attraktivität einer Frau wichtiger sein als ihre Figur.

Die Wissenschaft hat versucht zu messen, was genau die Attraktivität eines weiblichen Körpers ausmacht. Die Körpergröße scheint dabei keinerlei Rolle zu spielen. Wie hoch ist das attraktivste Gewicht? In den Industrieländern liegt es heutzutage etwas unter dem Durchschnitt, wobei die Frauen dort meist etwas schwerer sind, als für ihre Gesundheit ideal wäre. Was uns Frauen hoffen lässt, ist die Feststellung, dass es keinen über alle Zeiten und Gesellschaften hinweg als schön geltenden Frauenkörper gibt. Keineswegs ist es der extrem magere Körper der meisten Models. „Evolutionsbiologisch macht das auch keinen Sinn", sagt Professor Penke.

Mit der Attraktivität der Männer ist das komplizierter. Die Forschungsergebnisse sind nicht so eindeutig, was bestimmte Faktoren angeht. Durchschnittliche, symmetrische geformte Gesichter und Körper wirken auch bei Männern schöner. Reine Haut und gute Haare schaden nicht. Eine Sache ist für Frauen wirklich wichtig: In den Industrieländern scheinen Frauen sogar Männer zu bevorzugen, die femininer als der Durchschnitt wirken. Das wiesen unter anderem Untersuchungen des Psychologen David Perrett nach, der an der University of St. Andrews in Schottland zur Wahrnehmung von Gesichtern forscht. Es gibt Züge, die Gesichter maskuliner wirken lassen, wie kleine Augen und ein kantiges Kinn. Männer, die als sehr männlich wahrgenommen werden, können attraktiv wirken – oder weniger attraktiv. Beides ist möglich – und eine Frage, über die Attraktivitätsforscher noch debattieren.

Eine weitere Studie beweist, dass Männer nach einer Haartransplantation deutlich jünger wirken. Und wer kann sich dem Anblick von schönem Haar schon entziehen, egal ob bei Mann oder Frau? Auch müssen wir uns eingestehen, dass Männer mit „Traumhaar" selten zu sehen sind, aber dessen ungeachtet umso attraktiver wirken. Wenn Frauen mit wallendem und glänzendem Haar über die Fußgängerwege schreiten, können wir den einen oder anderen hypnotisierten Mann beobachten. Eventuell läuft dieser gerade neben Erna, welche sich in ihr kurzes, dünnes Haar gerade eine überdimensional starke Dauerwelle hat eindrehen lassen. Man(n) sieht nach besagter Anwendung nun mehr graue Kopfhaut als Ernas Haupthaar – was ihren Gatten fast die Tränen in die Augen schießen lässt, allerdings vermutlich nicht aus Freude. So gönnen wir ihrem Gatten Manfred seine zum Leben erweckten Gucker, wenn er der Dame mit langem Traumhaar sehnsüchtig hinterherblickt.

Glatze – oder lieber nicht?

Studien belegen, dass immer mehr junge Männer, aber auch Frauen, frühzeitig mit starkem Haarausfall zu tun haben. Warum ist das so? Was benutzen Männer und Frauen heutzutage weitaus mehr als vor 100 Jahren? Richtig: Haargele, Haarsprays und -wachse in unüberschaubarer Anzahl. Was ist drin in den heutigen kleinen Chemiebomben? Hat Franzl mit seinen 18 Jahren gelesen, was er sich da so morgendlich auf sein noch volles schönes Haar aufträgt? Hat er nicht. Es ist ihm nachzusehen. Schließlich steckt er im Abitur-, Eltern- und seit kurzem auch Trennungsstress mit seiner ehemaligen Freundin. Nun will er schön sein, koste es, was es wolle. Seine Gedanken sind nachvollziehbar und die – für ihn – alten Männer mit Anfang 30 sind für ihn noch weit entfernt. Erst viel später wird er merken, dass das Älterwerden schneller geht als gedacht und dass die Haare auch nicht mehr sind, was sie mal waren. Auch Mann ist eitler, als er sich vor 10 Jahren noch eingestanden hatte. Außerdem macht es Kloppi vor. Mann darf wieder zu vollem Haar stehen und dafür auch gern nachhelfen.

Was passiert, wenn wir uns fragwürdige Haargele, -sprays und -festiger auf unser Haar mitsamt seiner Kopfhaut kneten, formen und sprühen? Und vor allem, was befindet sich so alles in diesen begehrten Mitteln? Wer weiter blöd durchs Leben laufen möchte und in aller Ruhe auf seine immer größer werdenden Geheimratsecken oder die freigelegte Hinterplatte warten möchte, sollte dieses Kapitel ruhig überspringen. Oma sagt immer: „Dumme leben leichter." Recht hat sie. Aber den Haarausfall verhindert dies dennoch nicht. Studien belegen, dass in den erwähnten Mittelchen viel Chemie und wenig Natur und noch viel weniger Bio enthalten ist. Wir finden dafür u. a. Formaldehyd und Silikon. Was bewirken diese Stoffe und warum verwenden meist Großkonzerne mit Milliardenumsätzen solche fragwürdigen Inhaltsstoffe?

Oma hat recht: „Es ist die Kohle". Sie will sagen: das liebe Geld. Denn bei unserer so teuer erstandenen Luxuscreme investiert ein Großhersteller gerade mal 1 % der Kosten in die Inhaltsstoffe. Hinzu kommen Werbung und Marketing, der Rest ist Gewinn. Es sei ihnen gegönnt. Wenn's nur nicht auf Kosten der unterschätzten Gesundheit ginge. Die Werbung verspricht zwar den perfekten Halt, stärksten Glanz und dazu volles Haar – und das bei jedem Wetter, ganze 24 Stunden lang! Somit ist unsere Schlafphase mit inbegriffen. Jedoch steht wohl keiner frühmorgendlich aus dem warmen Bett auf, als wäre er gerade frisch vom Stylingfriseur gekommen. Eher entdeckt Horst im heimischen Badezimmer seine immer größer werdenden Geheimratsecken verbunden mit den ansonsten in alle Richtungen zeigenden noch frühmorgendlich müden Haaren. Das Haar wird zusehends lichter. Selbst die vielen Gele können die Platte kaum noch verdecken. Seine seit längerem unangenehmen Haarschuppen tragen nicht zu seiner morgendlichen Freude bei. Er schaut auf die Deklaration der Inhaltsstoffe. Und siehe da, er kann das sehr klein Gedruckte sogar entziffern, da Latein zu seinen Lieblingsfächern gehörte, hinzu kam Chemie. Und so ist es nachvollziehbar, dass Horst entdeckt, dass Stoffe wie Formaldehyd, Silikon, Parabene und Aluminium seinen im Badeschränkchen befindlichen Gelen zugesetzt sind. Er ahnt nicht nur, er weiß es, dass dies für Mensch und Gesundheit und für einen gesunden Haarwuchs nicht gut sein kann – eher für Haarausfall.

Silikon lässt Haar glänzen. Doch um welchen Preis? Er hat an seiner lieben Gattin feststellen können, dass sie eine gesunde und viel schöner aussehende Haut bekommen hat, seitdem sie nicht nur die Ernährung umgestellt hat, sondern auch Biohautprodukte aus der Manufaktur einsetzt. Horst gesteht sich ein, dass er ab und zu heimlich den Biocremetiegel seiner Gattin in Anspruch genommen hat. Er hielt es allerdings für angebracht, dies nicht zu erwähnen, da er anfangs gegen „Biokram" war. Aber er konnte nicht leugnen, dass Hilde ein sehr schönes Hautbild bekommen hatte, weshalb er von seiner blauen Cremedose – die er schon immer benutzt hatte, weil man das eben so macht – abließ, da er erfahren hatte, dass in dieser schlichten blauen Cremedose auch *Mineralöl* enthalten ist. Also handelte es sich bei seiner Creme um ein Abfallprodukt von Erdöl! Darauf hatte Horst keine Lust mehr, da er sich ausrechnen konnte, dass dies nicht gesund sein kann. Ebenso wenig wie die ganzen chemisches Zusätze in seinen Haarprodukten.

Tipp für Haare: Es gibt heute sehr wohl Anbieter von guten Bio-Haarprodukten. Gehen Sie neue Wege. Ihr Haar wird es Ihnen danken.

Wir wissen aus Studien, dass Silikone beim Auftragen auf Kopfhaut und Haare die Haarfollikelausgänge umschließen. Somit ist es für Haut, Poren und Talgdrüsen nicht mehr möglich, den wichtigen Austausch zu vollziehen, in dem die Kopfhaut Feuchtigkeit und Talg abgibt und gleichzeitig auch Feuchtigkeit aufnehmen kann. Beim Autolack – so weiß der versierte Fachmann – wird Silikon für die Versiegelung diverser Fahrzeuglacke benutzt. Damit ist gewährleistet, dass durch eine sog. zweite Haut Regen und Schmutz den Lack nicht beschädigen kann. Selbst das Herüberkratzen mit Fingernägeln würde diesem Autolack dank Silikon nichts anhaben können.

Jedoch ist Mensch halt nicht aus Blechteilen gemacht, sondern ist Teil der Natur. Folglich ist nachvollziehbar, dass unsere Haut atmen und ihren natürlichen Rhythmus des Abstoßens und der Neubildung von Hautzellen beibehalten möchte. Werden jedoch die Ausgänge von Poren, Haarfollikeln,

Schweißdrüsen etc. mit fragwürdigen Chemikalien regelrecht zugeklebt, sind die später auftretenden Haar- und Hautprobleme vorprogrammiert. Wir müssen uns nicht wundern, wenn unser Körper durch unangenehmes Jucken und Brennen sowie das Auftreten von Schuppenbildung bis hin zu frühzeitigem Haarausfall ein klares Signal setzt. Notfalls reden wir uns ein, das seien eben die Gene.

GENE – Irgendwas muss ja schuld sein

Zwar weiß kaum einer, was und wie; auch nicht warum, aber einer oder irgendwas muss ja schuld sein.

Wie Christian Opitz, einer der beeindruckendsten Menschen dieser Zeit, in seiner Mitteilung „Irrtümer des Verstehen-Wollens im Bereich der Gesundheit" im Mai 2016 mitteilte, kündigten Genforscher bereits in den 1990er Jahren die Entschlüsselung des menschlichen Genoms als medizinische Revolution an. Damit würden Krebs, Alzheimer, Drogensucht, kriminelles Verhalten und fast alle anderen menschlichen Probleme behandelt werden können. Christian Opitz weist jedoch darauf hin, dass zwar das Genom entschlüsselt wurde, aber nichts weiter passiert sei. Opitz:

> *Es gibt bis heute keine Anwendung einer Gentherapie im gesamten Spektrum der Medizin.*
> *Die grundlegende Prämisse, man könne durch eine statistische Aufschlüsselung von Basenpaaren in der DNA menschliche Prägungen verstehen, war schlichtweg falsch, denn die menschliche Übertragung und Prägung von Erbgut ist eine so komplexe Angelegenheit, dass sie nicht in simplen Kategorien zu verstehen ist.*

Bereits in meinem ersten Buch *Leben, Schönheit und alles Cremige* hatte ich den Zellbiologen Bruce Lipton (Intelligente Zellen-Gene) zitiert, wonach dem Laien gern durch diverse Medien eingeredet werde, vieles liege fast ausschließlich an den Genen. Wenn Lipton, Christian Opitz und viele andere mutige Pioniere mit der Vermutung recht haben, dass unser Leben eben nicht hauptsächlich durch Gene bestimmt werde, dann dürfen wir die These etlicher Hautärzte in Frage stellen, ein schlechtes Hautbild oder das Auftreten von Hautproblemen „liege an den Genen". Seit 20 Jahren werden meine Kunden, die wegen ihrer Hautprobleme eine Odyssee bei diversen Hautärzten – ohne einschlägigen Erfolg – hinter sich hatten, mit dem stets gleichen Spruch konfrontiert, sie müssten – so die Ärzte – „eben damit leben, es sind die Gene."

Das kluge Bauchgefühl von taffen Müttern - Fred

Fred war 17 Jahre alt. Als Kind nie mit Hautproblemen konfrontiert, änderte sich dies schlagartig, als die Pubertät einsetzte. Fred hatte viel stärker mit Pickeln, Entzündungen und großen Rötungen zu tun als seine Mitschüler. Das irritierte Fred, denn er wurde öfter auf dieses unangenehme Thema angesprochen. So machten sich Mutter und Sohn auf den Weg: Zunächst wurden Drogerien, danach Apotheken leer gekauft. Als das nicht half, suchte man den Hautarzt auf. Dieser stellte sofort die These auf: „Damit musste leben, Junge. Es sind die Gene." Das schockierte Fred, und seine Mutter machte diese immer wieder gehörte Aussage mancher Hautärzte wütend. Hinzu kam, dass sie stets den Eindruck hatte, der Arzt nehme sich zu wenig Zeit, um der Ursache richtig auf den Grund zu gehen. Die Liebe zu ihrem Kind ließ sie nicht aufgeben, und sie suchte weitere Mediziner auf. Einige verschrieben so heftige Mittelchen, dass sie Fred buchstäblich auf den Magen schlugen. Als Sohn und Mutter merkten, dass die starken Medikamente die Hautprobleme nicht heilten, sondern eher den Darm in Mitleidenschaft zogen und Unwohlsein verursachten, ginge beide ganz neue Wege:

Freds Mutter schaffte es, ihren Sohn zu überzeugen, doch einmal meine Praxis aufzusuchen. Fred nahm allen Mut zusammen, den man mit 16 Jahren braucht, um den Jungs auf dem

Schulhof zu erklären, er gehe jetzt zur Kosmetikbehandlung. Der Zustand von Freds Haut war tatsächlich katastrophal. Wenn auch Pickel und Unreinheiten in seiner Altersklasse ein Stück weit zur Normalität gehörten, so war seine Haut dermaßen aus dem Gleichgewicht geraten, dass es buchstäblich kaum eine Stelle im Gesicht gab, die keine Entzündungen bis hin zu großen bakteriellen Vereiterungen zeigte.

Wir führten nun bei ihm regelmäßige Jugendhautprogramme mit Bio-Peelings durch. Sanftes Ausreinigen der Gesichtshaut sowie die wichtige Gesichtshautmassage brachten in kürzester Zeit den deutlich sichtbaren Erfolg. Fred war mehr als freudig überrascht. Es keimte Hoffnung in seinen Augen auf, die sich in den nächsten Monaten noch verstärken sollte. Regelmäßig kam er nun, um sich und seiner Haut endlich Gutes zuzuführen. Ich stellte jedoch die Bedingung, dass er mit jeglichen Chemiebomben inklusive den zu hoch dosierten Tabletten, die selbst den stärksten Mann umhauen würden, sukzessiv aufhören müsse. Das war ein guter Kompromiss – mit einem gesunden Ergebnis für Haut und Leber. Es ist nachvollziehbar, dass es für Jugendliche – besonders die männlichen – schwierig ist, auf dem Schulhof oder im Sportverein den Freunden von Hautproblemen und -programmen zu erzählen. Ist man doch mit 16 Jahren gerade auf dem Wege, ein richtiger Mann sein zu wollen, sodass es überhaupt nicht reinpasst, eventuell zu „tuffig" gegenüber den Jungs herüberzukommen.

Jugendliche und auch deren Eltern können nicht ahnen, wie sehr das Selbstbewusstsein durch eine schöne Haut gestärkt wird – gerade in der Phase der Pubertät. Bei den Reiferen ist es meist nicht mehr das Thema Pickel, dafür aber das von Falten und anderen diversen Hautproblemen. Freds Mitarbeiten in Form der regelmäßigen Teilnahme an Hautprogrammen und das Zuführen der echten Bio-Hautsalbe BioDiVeda belohnten ihn auf weite Sicht. Sechs Jahre später würde keiner auch nur erahnen, dass Fred ein aufgegebener Hautpatient war – mit der Diagnose ein Leben lang mit schwerer Akne und schlechtem Hautbild herumlaufen zu müssen. Freds Haut sieht jetzt phantastisch aus und läuft hinsichtlich Hautzustand und Porenbild manch junger Frau den Rang ab. Seine Haut ist feinporig und total entzündungsfrei.

Ich lerne immer wieder Menschen in meiner Praxis kennen, die sich einer aussichtslosen Hautdiagnose nicht unterwerfen und nicht aufgeben wollen. Daher hat eine kränkende Aussage manchen Arztes auch etwas Gutes, wurde dadurch doch die Motivation ausgelöst, sich auf die Suche nach richtigen Lösungen für Haut und Seele zu machen. Und siehe da, mit authentischer Hautpflege, Zeit für sich selbst und Verwöhnprogrammen mit den wichtigen **echten** Bionaturstoffen in Kosmetika kann jeder ein gesünderes oder gar makelloses Hautbild bekommen. Selbstverständlich müssen dabei auch die anderen in diesem Buch erwähnten Punkte wie Ernährung, seelische Entspannungsphasen etc. beachtet werden.

Wussten Sie, **dass fMRT (funktionale Magnetresonanz-Tomographie)** kaum in der Lage ist, den Unterschied zwischen einem toten und einem lebenden Gehirn zu ermitteln, angeblich aber Liebe und Hass, menschliche Moral, Wünsche und Entscheidungen aufzeigen kann? – was allerdings von Christian Opitz zu recht in Frage gestellt wird.

Wer ein wenig im Chemieunterricht aufgepasst hat oder das Glück hatte, eine engagierte Lehrerin gehabt zu haben, die den Schülern die Grundregeln und -Substanzen einer Creme erläutert hat, weiß, dass die Creme nur mit vielen fragwürdigen Konservierungsstoffen jahrelang haltbar gemacht werden kann. Wir dürfen weiter träumen, unser Finger sei mikrobiologisch sauber, wenn wir ihn in die Cremedose eintauchen. Dreck reinige den Magen, sagten die Alten früher. Ja, allerdings der Dreck, der sich bildet, wenn Sie mit den Fingern täglich in Ihre Creme fassen, reinigt auch nicht mehr Ihren Magen. Sie dürfen sicher sein, dass die so aufgenommene Unzahl an Pilzen und Viren einer gesunden Haut nicht gerade förderlich ist. Genau deshalb befüllt die Kosmetik- und Pharmaindustrie die meisten Creme- und Salbentübchen mit diversen Konservierungsstoffen, damit der Kunde oder Patient auch noch in zwei Jahren die Dose wieder mal zur Hand nehmen kann. Und siehe da, obwohl vor mehr als 24 Monaten schon einmal benutzt, ist trotz Eintauchens des Fingers in der Zeit so gar nichts passiert: Die Creme sieht immer noch so strahlend weiß aus wie zuvor! Wir haben eh kein Labor an der Hand, was mal untersucht, was sich alles so eingefunden hat im Pöttele.

Wir wollen gut leben

Ja, wir wollen leben. Und bitte schön, gern auch mehr als das: Gut würde es uns tun, weite Teile unseres Lebens mit glücklichen Momenten zu füllen – und einer großen Portion Humor, bitte. Sodass wir zwar Öko und Bio auf unserer Haut und unseren Haaren auftragen, aber wir dürfen wie Luxus aussehen. Unsere Haut muss nicht fahl und abgemagert um die Ecke kommen, damit gleich jeder sieht, ich bin gegen alles und jeden, hasse Biofleisch und Biobutter, selbst die Forelle aus dem See und auch ein Glas Champagner verweigere ich ökomäßig. Das passt auch zu unserem Outfit alias Öko-Schlabberlook. Auch der gute Sex ist lange her. Eventuell war er es nie und anspruchsvolle Erotik schon mal gar nicht. Dafür lag man ökomäßig auf dem Ökobettlaken. Hatte sich deshalb Erwin frühzeitig von Birthe und ihrem Doppelnachnamen getrennt? Wir wünschen Erwin richtig gutes Essen samt edlem Champagner. Gern mit einer adretten und zu viel Humor neigenden neuen Partnerin an seiner Seite und einem schönen Abend zu zweit.

Lippenstift – Der große Verführer!

Jede zweite Frau benutzt regelmäßig Lippenstifte. Wir ahnen, dass ein roter Mund nicht nur für viele Männer verführerisch aussieht, sondern rote Lippen meist dem gesamten Gesicht mehr Ausdruck verleihen. Wir wissen auch, dass ein Hauch von Farbe auf unseren Mündern die frühmorgendliche Müdigkeit aus unserem Gesicht buchstäblich optisch wegzaubert. Farbe beschwingt nicht nur unsere heimischen Wände, Kleidung und unsere Frisur.

Circa 35 Kilo Lippenstift verzehren wir Frauen im Laufe des Lebens. Wir machen uns zwar Gedanken über die passende Farbe für unseren Typ und die dazugehörige Kleidung. Doch wer mag und kann die INCI (Inhaltsstoffangabe) auf den Lippenstiften verstehen, geschweige denn entdecken? Fragen wir wirklich nach, wenn die endlich gefundene Farbe 100 %ig unseren Vorstellungen entspricht und zusätzlich der vor lauter Farbglanz strotzende und berauschende Ton uns die Sinne raubt? Und sollte **Marleen** während der Arbeit sich ihre Lippen mit dem neu erworbenen Lippenstift nachziehen, wird sie unverzüglich von der Kollegin angesprochen, die wissen will, wo Marleen diese so außergewöhnlich schöne Lippenstiftfarbe gekauft hat. Die Farbe sei einfach göttlich. Marleen muss dem zustimmen, so gut sieht sie mit dieser Lippenstiftfarbe aus. Beschwingt geht sie nach Haus, verkraftet den doch ziemlich stolzen Preis des Lippenstiftes und möchte nicht wirklich wissen, was drin ist. Sie wissen ja, wir lieben Wahrheit, aber bitt' schön, nicht jeden Tag. Das kann ja kein Mensch ertragen!

Die so adrette Verkäuferin versicherte Marleen, dass die leuchtende Farbe des Lippenstifts überdurchschnittlich lange hält, nicht in die Lippenfältchen verläuft und zusätzlich auch noch pflegt.

Wer nicht wissen möchte, was eventuell des Öfteren seine Lippen ziert, die Gesundheit aber gefährdet, sollte das nächste Kapitel einfach überspringen. Alle Anderen, die mutig sind und wissen wollen, was Frau sich dann stattdessen auf den Mundbereich auftragen sollte, sollten diesem Kapitel weiter folgen.

Die Verkäuferin erwähnte leider nicht, dass in den allermeisten Lippenstiften die aus Erdöl hergestellten umstrittenen Paraffine und Mineralöle (Reste aus Erdöl) enthalten sind. Diese legen sich wie ein nicht wasserlöslicher Film auf unsere Lippen. Sie besitzen keinerlei Pflegeeigenschaften, bewirken allerdings, dass unserer Lippenhaut zu viel natürliche Feuchtigkeit entzogen wird. Wir erkennen dies an einer trockenen und teilweise schuppigen Lippenhaut (Lippenepithel). Das Lippenrot enthält zwar Talgdrüsen, allerdings nur vereinzelt. Das führt dazu, dass besonders diese Bereiche keinerlei Substanzen verkraften, welche die Austrocknung fördern.

Eine Studie der Universität von Kalifornien ergab, dass die von Frauen überdurchschnittlich viel benutzten Lippenstifte

- Aluminium
- Cadmium
- Blei

und anderen Toxine enthalten.

Bei einigen Stiften war der Wert des enthaltenen Aluminiums so hoch, dass er den Toleranzwert überschritt. 75 % der Stifte waren mit Blei versetzt. Teilweise ergaben die Messungen erschreckend hohe Werte. Die verschiedenen Metalle werden im Körper und seinen Organen gespeichert und können größte gesundheitliche Probleme mit sich bringen. Wir wissen, dass Aluminium und Blei, wenn diese Stoffe ins Gehirn gelangen, dort irreparable Schäden verursachen können.

Rettung für schöne Lippen mit Pflege und Ästhetik

Wir – und auch Marleen – haben jedoch die Möglichkeit, auf zertifizierte Naturkosmetik zurückzugreifen. Diese unterliegt strenger Überwachung. Die Hersteller von Naturlippenstiften verwenden ausschließlich kontrollierte Pflanzenauszüge sowie kontrollierte mineralische oder Erdpigmente. Für Duft und Konservierung werden u. a. ätherische Öle verwendet. Wir haben sie, die guten und vor allem echten Biofirmen, wenn auch in überschaubarer Anzahl. Hervorragend ist, wenn Sie an einen Biolippenstift oder Bio Lip-Gloss herankommen, der in einer BioCreme-Manufaktur hergestellt worden ist. Hier können Sie sicher sein, dass hochwertigste Substanzen verwendet wurden. Evtl. müssen wir Abstriche in der Optik der Verpackung machen. Ganz eindeutig ist dort die Kosmetikindustrie im Vorteil. Viel Geld wird dort in die Vermarktung investiert. Die Bosse wissen, wie sie die „Knöpfe" von uns Frauen drücken, damit wir unvorsichtig mit unser Gesundheit umgehen. Also sieht der designte Lippenstift so was von toll aus, dass wir ihn kaufen müssen.

Besonders an nicht so leichten Tagen tut es gut, Frusteinkäufen nachzugehen.

Die wichtigen Frusteinkäufe

Haben wir Frauen so richtig miese Stimmung, dann sind wir meistens gut beraten, dem Stimmungsaufheller Shopping nachzugehen. Wir können zwar davon ausgehen, dass die von uns so sehr gewollte und benötigte Hose in keinem der Verkaufsregale zu finden ist, da Farbe, Form und Qualität nicht dem entsprechen, was wir uns vorstellen, dafür haben wir aber das vierzigste T-Shirt gekauft, das nun in unserem Kleiderschrank hängt. Auch die bezaubernde Handtasche musste es noch sein, die Frau während des Schuhkaufs entdeckte, obwohl sie weder für den Alltag noch zum Shoppen geeignet ist. Egal – irgendeine Gelegenheit wird sich schon finden. Und wenn nicht, wird sie die restliche Zeit gemeinsam mit den vielen anderen Taschen in unserem Kleiderschrank verbringen. Der Kauf selbst hatte uns zumindest eine bessere Stimmung beschert. Schon allein das, war es wert. Außerdem hatte es **Gerda** schlechter getroffen als uns.

An einem Dienstag war ihre Laune auf dem Siedepunkt. Doch war sie trotzdem stolz auf sich, dass sie sich nicht in ihrer Jogginghose mitten auf der gemütlichen Couch versteckt und dabei ungesundes Zeug in sich reingefuttert hatte – was zwar lecker schmecken, aber ihr Hüftgold noch verstärken würde. Nein, dieses Mal versuchte Gerda ihrer schlechten Laune mit Shopping entgegenzuwirken. Nach 1 ½ Stunden hatte sie jedoch immer noch nichts Passendes gefunden. So näherte sich ihre miese Stimmung dem Nullpunkt. Sie spürte, dass sie heute *irgendetwas* kaufen musste. Die Schaufensterpuppe lächelte sie freundschaftlich an. Und siehe da, Gerda entdeckte die von ihr ersehnte Hose an besagter Schaufensterpuppe. Dass die aufgesetzten Taschen an besagter Hose ihr doch ziemlich üppiges Hinterteil noch mehr hervorhoben, ignorierte sie, auch dass die Verkäuferin ihr sehr diskret und freundlich eine Alternative in Form einer sehr schönen und auch noch preiswerteren Stoffhose angeboten hatte. Gerda wollte *diese* Hose und sonst keine.

Ihre schlechte Laune war noch nicht verflogen, sodass das Gefühl über den Verstand hinweg entschied. Sie spürte zwar in der Umkleidekabine, dass sich die ersehnte Hose sehr schlecht am Bauch schließen ließ. Das Probesitzen musste abgebrochen werden, da Gerda glaubte, ihre Gedärme zu verlieren, da sie vor lauter Blutstau in Gesäß und Oberschenkeln diese Bereiche gar nicht mehr spürte. Allerdings war sie sich sicher, dass der Stoff nach mehrmaligem Tragen nachgeben würde und die gewünschte Traumhose dann endlich passgenau sitzen würde.

Die Traumhose hängt jedoch seit einigen Wochen im Schrank. Mehrere Versuche, sie zu tragen, schlugen fehl, da Gerda bereits nach kurzer Zeit jedes Mal die bekannten Probleme mit ihrem abgequetschten Bauchbereich bekam. An Sauerstoff war eh nicht zu denken. Sie nahm sich vor, diese Hose *irgendwann* einmal zu tragen. Hubert – ihr Gatte – würde für diesen Kauf kein Verständnis haben, sodass sie beschloss, ihm davon nichts zu erzählen. Und falls er nachfragen würde, ob das Stück neu sei, würde sie dies verneinen. Falls er weiter fragen würde, ob sie sich sicher wäre, dass er diese Hose bereits seit längerem an ihr gesehen haben müsste, würde sie dies beleidigt bejahen – mit dem Hinweis, da könne man mal sehen, wie er sie anschaut und wahrnimmt. Hubert hielt es dann künftig für besser, nicht mehr nachzufragen, wenn er den Eindruck hatte, an Gerda ein neues, ihm unbekanntes Kleidungsstück zu entdecken. Was wiederum sie als unmöglich empfand, da es in ihr den Eindruck verstärkte, Hubert wäre tatsächlich desinteressiert, was ihr Äußeres anbelangte …

Oma sagt immer: „Männer und Frauen passen sehr gut zueinander. Sie wissen es nur nicht."

Recht hat sie.

Die fünf Schritte zu einer gesunden und schönen Haut:

1. Inhaltsstoffe
2. Umgang mit der Haut
3. Reinigung, Eincremen
4. Schlaf, Stress, Essen
5. **Auszeiten für Haut und Seele**

Erster Schritt zur schönen und gesunden Haut:
Achten Sie auf die Inhaltsstoffe!

Nicht immer wollen und können wir hinterfragen. Wir sehen, dass dies selbst in der Politik nicht authentisch gemacht wird und so selten etwas Sinnvolles für den Bürger herauskommt. Wir indes wollen uns berechtigterweise ab und zu mal treiben lassen. In der Hoffnung, der Luxuslippenstift enthält auch das, was er von außen verspricht: beste Stoffe und zertifizierte Biosubstanzen. Die Hoffnung stirbt zum Schluss.

Der erste und wichtigste Schritt ist, achtsamer mit Ihrer unersetzlichen Haut umzugehen. Sie müssen nicht als Chemiker durch die Welt wandern, um Bio-Wirkstoffe in unsere Bio-Creme zu integrieren. Auf Logos wie *Bio, NaTrue* oder *Int. Organic and Natural Cosmetics* können Sie sich verlassen:

BioDiVeda
Manufaktur-Creme Praxis Undine Wolfram

Tipp: Um Ihre Lippenhaut von rauen Stellen zu befreien, haben Sie die Möglichkeit, diese mit einem von Ihnen selbst hergestellten Peeling zu behandeln.

Ganz unkompliziert, schnell und kostengünstig können Sie

- 1 Teelöffel Meersalz (jodfrei!!) mit
- 2 Teelöffel gutem Bio-Olivenöl

vermischen und damit in kleinen kreisenden Bewegungen ohne Druck über Ihre Lippenbereiche streichen. Hierbei wird die Durchblutung angeregt und überschüssiges totes Zellmaterial entfernt, sodass die Haut dadurch frei von Altlasten ist, gleichzeitig aber wichtige Wirkstoffe aufnehmen kann.

Mit einem Wattepad oder Lappen (in lauwarmen Wasser tränken) kann nach der Anwendung das Peeling entfernt werden. Meist ist ein Eincremen danach nicht mehr notwendig. Das Hautgefühl ist auch so sehr angenehm. Gleiches können Sie zum Beispiel für Ihre Hände tun: einfach das oben beschriebene Naturpeeling auf und in die Handflächen geben und in kreisenden Bewegungen ohne Druck einmassieren. Das Ergebnis ist eine weiche und sich gut anfühlende Haut an den Händen. Selbstverständlich gilt das ebenso für Ihre gesamte Gesichtspartie inklusive Hals.

Rosenwasser – echt oder unecht?

Viele Frauen lieben Rosenwasser und Rosenöl. Achten Sie darauf, dass es sich stets um reines Rosenwasser oder -öl handelt. Rosenwässern sind sehr häufig synthetische Duftstoffe zugesetzt, damit der Inhalt intensiv nach Rose riecht, tatsächlich ist aber kaum echte Rose enthalten. Reines Rosenwasser wie auch Rosenöl haben ihren Preis: 1 Liter echtes Rosenöl kostet 5000 Euro. Da können Sie sich ausrechnen, was solch ein Fläschchen im Handel kosten müsste, damit dieser Inhaltsstoff wirklich in ausreichender Menge enthalten ist. Rosenwasser belebt und stärkt Haut und Bindegewebe. Hinzu kommt der grandiose Duft. Diese Investition für Ihre Haut lohnt sich. Achten Sie aber bei Gesichtswasser darauf, dass kein Alkohol enthalten ist. Alkohol führt immer zu einer Austrocknung der Haut. Die Klärung der Hautbereiche bekommen wir auch ohne Alkohol hin, zum Beispiel mit Rosen- oder Hamameliswasser.

Dieses Buch bildet das Anschlusswerk zu meinem Buch *Leben, Schönheit und alles Cremige*. Viele Leserinnen teilten mit, dass insbesondere die lebensnahen Geschichten von Hilde und Manfred viel Lese Spaß mit sich gebracht haben. Daher folgt hier diese Geschichte für Neu Leser noch einmal, für Stammleser ein belustigender Rückblick:

Hilde und Manfred
– Käse und das Hinterteil

Haben Sie schon einmal einen bewussten Ausflug in die Umkleidekabinen eines Kaufhauses gemacht, die sich in der Abteilung für Badewäsche befinden? Tun Sie's. Denn dort spielt sich das tatsächliche Leben ab. Hier müssen wir Frauen nach einem langen kalten Winter mit viel leckerer Schokolade und Käsefondues der Wahrheit und Cellulite ins Auge blicken. Das kalte Licht in diesen Kabinen, welches jede Haut blaustichig erscheinen und somit Frau ohnedies älter aussehen lässt, und das nicht nur am Körper, verheißt wenig Erfreuliches.

Hilde verschwindet begleitet von einem noch hoffnungsvollen Blick mit etlichen Bikinis und Badeanzügen in besagter Umkleidekabine. Ihr Gatte nimmt schon einmal in dem gegenüberliegenden Cocktailsessel Platz – immer mit Blick zur Umkleidekabine. Nach geschlagenen 15 Minuten fragt Manfred mal vorsichtig an, vielleicht ist die Gattin ja im Badeanzug steckengeblieben. Tatsächlich ist Hilde in der Anprobierphase steckengeblieben, und zwar mitsamt der Bikinihose, welche beim Hochziehen über die stämmigen Oberschenkel im Gesäßbereich im überschüssigen Fleisch versunken ist. Und da das durchdringende Knacken der Nähte besagter Bikinihose Hilde einen hochroten, mit Sauerstoff sichtlich unterversorgten Kopf beschert, ist sie weder imstande noch willens, ihren Mann lieb um Hilfe zu bitten. Sie faucht aus der Kabine heraus, sodass sich der Gatte dabei ertappt, wie er mit seinem Blick den Notausgang sucht. Er hat eindeutig verstanden, falls er jetzt wagte, durch die Kabinenvorhänge zu lucken, würde es hier einen Mord geben. Wir erahnen, dass selbst unserer nicht ganz schlanken Hilde klar ist, dass Optik durchaus etwas sehr Wichtiges ist.

Propolis
– Wundermittel für Haut, Zahnfleisch, verstopfte Nase und vieles mehr

Propolis gilt als stärkstes natürliches Antibiotikum. Zwar liegt hier ein nicht immer auf den ersten Blick zu erkennender Gegensatz vor, da das Wort Antibiotikum für *Anti* wie gegen und *Bio(s)* wie Leben steht. Zusammengefasst „Gegen das Leben". Antibiotika hemmen das Wachstum von Bakterien und Pilzen. Propolis, welche von Bienenvölker unter anderem als Schutzsubstanz für die entsprechenden Wabenöffnungen genutzt wird, wird gerade aus diesem Grund verwendet. Wir erkennen, dass eine Sache oft zwei Seiten hat. Für Bienenvölker ist der Einsatz dieses natürlichen Antibiotikums für den Fortbestand überlebenswichtig. Propolis steht für „Vor der Stadt". *Pro* steht für vor und *polis* für Stadt. Diese Übersetzung ist rein auf die Fluglöcher der Bienen bezogen.

Propolis gehört zwar zur Gruppe der natürlichen Antibiotika, ist aber mit dem pharmazeutischen Antibiotikum nicht vergleichbar. Warum verwenden Bienen diesen von ihnen selbst produzierten, kostbaren Stoff? Ein Bienenstock weist eine Temperatur von 35 °C auf bei einer Luftfeuchtigkeit von ca. 40 %. Das ist warm und feucht, somit sind die Bedingungen für Keime, Pilze und Bakterien ideal. Um diese zu verhindern oder zu bekämpfen, nutzen Bienen die wertvolle Propolis. Ein wichtiger Vergleich zur Haut sei hier erwähnt: Wenn das Hautbild starke Entzündungen inklusive bakteriell bedingter kleiner Vereiterungen in Form von Pickeln und Kirschen aufweist, kann hier effektiv mit Bio-Propoliscreme entgegengewirkt werden. Bienen überziehen auch das Innere der Wabenzellen mit einer feinen Propolisschicht. Krankheitserreger haben somit keine Möglichkeit, sich zu entwickeln oder vermehren, wodurch der Fortbestand des Bienenstocks gewährleistet ist.

Es ist eventuell für den einen oder anderen nicht appetitlich, wenn wir uns vorstellen, was geschieht, wenn Mäuse in einen Bienenstock eindringen: Den Bienen gelingt es zwar, eine Maus unverzüglich durch Angriffe und Stiche zu attackieren und zu töten, aber sie schaffen es nicht, den toten Körper aus dem Bienenstock zu entfernen. Um durch die dann einsetzende Verwesung des Tieres die Ausbreitung von Bakterien etc. zu verhindern, überziehen Bienen das Tier mit Propolis, sodass gefährliche Keime, welche vom verwesten Tier ausgehen, dem Stock nichts anhaben können. Daran können wir wiederum erkennen, wie viel Kraft dieser Wirkstoff besitzt. Studien belegen, dass insbesondere in den letzten 10 Jahren Propolis in der Medizin an großem Interesse gewonnen hat. Wir gehen doch sicherlich nicht davon aus, dass die Pharmaindustrie die Naturheilkunde entdeckt hat. Eher ist der Mensch bzw. die Masse im Wandel. Nur darauf reagieren Großkonzerne. Wo früher Bioläden belächelt worden sind, suchen immer mehr gesundheitsbewusste Menschen zusätzlich oder ausschließlich diese Anbieter auf. Wir haben uns an den Anblick von BioCompany, Denn's Biomarkt und Co gewöhnt. Das war nicht immer so. Tauchen wir nun in neueste Studien ein, die sich mit den Wirkungen von Propolis beschäftigt haben. Vermutlich wird der eine oder andere mit den „Ohren schlackern", wenn er erfährt, dass Propolis bis hin zu Anwendungen gegen Krebs ihren Einsatz findet.

Studie: Nach einer polnischen Studie hat Propolis eine überdurchschnittlich große antibakterielle Wirkung. Mediziner haben 56 Patienten, welche unter Ulcus Cruris (offenen Beinen) litten, behandelt. Die eine Hälfte der Gruppe erhielt während der Testreihe Propolis, die andere Hälfte herkömmliche Medikamente. Die erste Gruppe, bei der Propolis Anwendung gefunden hat, zeigte eine signifikant kürzere Heilungsphase. Nach bereits 6 Wochen litt keiner der mit Propolis behandelten Probanden mehr unter offenen Beinen. Die zweite Gruppe, welche ohne diesen kostbaren Stoff diese Studie durchschritt, benötigte 16 Wochen lang zur Abheilung.

Eine weitere Studie zeigte bei Scheidenentzündungen die hohe Wirksamkeit von Propolisanwendungen. Bei ca. 90 % der Frauen besserten sich die Beschwerden. Auch konnte man bei Krebsabstrichen eine starke Verringerung von Zellveränderungen erkennen. Eine weitere Studie zeigte auch bei Bronchialasthma positive Auswirkungen: Bei der Gruppe, welche Propolis einnahm, verbesserte sich die Lungenfunktion. Hinzu kam eine deutliche Abschwächung von nächtlichem Husten.

Wir sehen bereits an diesen drei Beispielen, wie viel Kraft die Natur mit sich bringt. Propolis zählt eindeutig zu den besten Wirkstoffen in der Hautkunde. Partizipieren Sie von meinen langjährigen Praxiserfahrungen: Wir arbeiten neben der echten BioDiVeda Anti-Age Deluxe (Hyaluroncreme per Manufaktur) mit der BioDiVeda Propoliscreme Deluxe. Kunden, die unter größten Hautunreinheiten, Entzündungen jeglicher Art, Ekzemen, Neurodermitis bis hin zu schwerer Akne und Herpes litten, integrierten unsere Propoliscreme ins heimische Hautprogramm. Frauen sind klug – öfter auch sehr klug. So war im Rückblick damit zu rechnen, dass eine der Kundinnen irgendwann mitteilte, unsere Propoliscreme sei nicht nur für die Gesichtsbehandlung zu verwenden. Beim allerersten Mal war meine Verwunderung über den Einfallsreichtum meiner Kundinnen noch groß:

Eine unter hartnäckiger Scheidenentzündung leidende Kundin vertraute mir ihren neuen Heilungsweg bzgl. des erwähnten Problems an. Da keine noch so teuer gekaufte Apothekensalbe half, griff sie aufgrund ihrer sehr guten Erfahrungen mit der BioPropolis-Manufakturcreme zum rettenden Schritt. Sie trug die Creme an die entsprechenden unangenehm brennenden Stellen in immer wiederkehrenden Abständen auf. Ihr Lächeln bei der Berichterstattung ließ mich erahnen, dass sie Erfolg gehabt hatte. Im Nachhinein war mir ihre Aussage klar: „Was hatte ich noch zu verlieren? Nichts half, und da ich bei meinen Hautproblemen so gute Erfahrungen mit ihrer Propoliscreme gemacht habe, konnte ich es nur versuchen ..." Sie hatte recht. In diesem Fall konnte Frau nur an Erfahrungen gewinnen und einen Heilungsprozess in Gang setzen.

Der zweite Fall verwunderte mich schon nicht mehr so stark, da die Erfolge mit der Propoliscreme bei Hautproblemen meiner Kundinnen für sich sprachen. Mehrere Kundinnen berichteten, dass sie die Propoliscreme bei Zahnfleischproblemen (Gingivitis) auf die entzündeten Stellen aufgetragen hatten – und siehe da – sehr gute Erfolge damit hatten!

Aus meinen langjährigen Praxiserfahrungen und meinem Studium über Zusammenhänge von Hauterkrankungen und Wirkungsweisen von Inhaltsstoffen auf Haut und Organismus kann ich ihnen zurufen, verwenden Sie Propolis für Ihre kostbare Haut! Wenn Sie Kinder haben, die durch das Einsetzen der Pubertät mit einem entzündlichen Hautzustand zu kämpfen haben, helfen Sie Ihnen und führen Sie ihre Kinder an das Thema Inhaltsstoffe für Hautpflege heran. Hier ist es besonders ratsam, auf Propolis zurückzugreifen. Sie können gemeinsam mit Ihrem Kind mit Hilfe von interessanten Büchern, evtl. verbunden mit dem Biologieunterricht, die beeindruckende Bedeutung von Bienen erkunden. Sie werden automatisch auf das Thema Propolis und deren Heilkraft auch für Haut stoßen.

Verstopfte Nase

Wenn Sie unter verstopfter Nase leiden, haben Sie die Möglichkeit, auch diesem Leiden ein Ende zu bereiten. Sie können sich Propolis-Tinktur in der Apotheke oder über das Internet bestellen. Bei ersterem Anbieter würde ich bei der Frage, für was sie diese benötigen, Vorsicht walten lassen. Denn ich könnte mir vorstellen, dass der eine oder andere Apotheker Ihnen gern ein Nasenspray verkaufen möchte, was definitiv zu 100 % nichts mit Bio zu tun hat.

Sie können jedoch mit der Propolis-Tinktur (welche es in flüssiger Form gibt) und abgekochtem Wasser ein eigenes, und vor allem sehr wirkungsvolles, Nasenspray herstellen. Besorgen Sie sich dazu eine leere Flasche mit Pumpverschluss z. B. über das Internet. Hier gibt es viele Anbieter, oder sie nehmen Ihre Apotheke in Anspruch, die Ihnen solch Leerbehältnis besorgt. Die Kosten belaufen sich auf ca. zwei Euro, was sehr überschaubar ist. Füllen Sie nun 20 bis 30 Tropfen der Propolis in die leere Flasche und geben das nun abgekühlte Wasser hinzu. Fertig. Gut schütteln, so dass sich beide Komponenten verbinden, und sie haben ein sehr effektives und durch und durch naturbelassenes Nasenspray. Durch die starke entzündungshemmende Wirkung werden bakterielle Herde in der Nase bekämpft.

Wer möchte, kann ein handelsübliches Nasenspray in ganz kleinen Mengen (ich würde eines für Kinder empfehlen) hinzunehmen. Manchmal ist es aufgrund einer sehr starken Entzündung und Verkeimung notwendig, den sprichwörtlich goldenen Mittelweg zu wählen. Wenn die Nase nach einem bestimmten Zeitraum durch die genannte Anwendung abgeschwollen ist, kann ausschließlich mit dem Propolisnasenspray behandelt werden – auch vorbeugend. Propolis wird von ausgezeichneten Imkern angeboten. Klicken Sie sich im Internet auf den entsprechenden Seiten ein. Dort können Sie in der Regel auch bestellen.

Sybille und ein Igel

Sybille war attraktiv, sehr attraktiv: überdurchschnittlich schöne Gesichtsstrukturen, große Augen, wohlgeformte Wangenknochen und perfekte Lippen. Ihr volles, glänzendes Haar rundete dieses perfekte Bild ab. Nur einen Nachteil hatte Sybille, nämlich Pickel. Und nicht nur eine Hand voll. Sybille hatte vom Hautbild her eher etwas mit einem Igel zu tun.

Denn unter der brauen Paste, die sie täglich auftrug und welche sich als schweres Make-up herauskristallisierte, spielte die Haut seit längerem verrückt. Es hatte ganz harmlos angefangen, wie sie in meiner Praxis erzählte.

Wenn sich die Periode einstellte, zeigte die Gesichtshaut an bestimmten Stellen meist mehr oder weniger rötliche Entzündungen. Diese deckte Sybille anfänglich leicht mit einem Make-up ab, was vorerst auch half – doch irgendwann nicht mehr. Die Pickel und Rötungen verstärkten sich, sodass Sybille tiefer in diese braune Paste griff. Als das allein nicht mehr wirkte, griff sie zusätzlich zu einem Puder, das sie im Supermarkt entdeckt hatte. Allerdings, wie sie heute bestätigt, fingen damit die Hautprobleme erst so richtig an. Wenn Sybille sich am Abend ab reinigte, zeigte ihr Gesicht eine Unzahl nicht mehr zu zählender Pickel: Wangen, Kinn und Stirn waren übersät, manche gar vereitert. Die Nase zeigte unzählige Mitesser. Die Rötungen taten optisch ihr übriges. Längst hatten sich raue Stellen dazugesellt, die nunmehr zu jucken begannen.

Sybille war in einem Dilemma. Sie war frisch verliebt inklusive tausend Schmetterlingen im Bauch. Hatte sie doch vor kurzem einen wunderbaren Mann kennengelernt. Längst war sie dazu übergegangen, auch nachts das schwere Make-up zu tragen, ab und zu musste selbst Gesichtspuder herhalten. Sie hatte große Bedenken, die in die Angst mündeten, dass Robert ihr Hautproblem bemerken und sie als abstoßend empfinden würde. Sybille aber hatte unterschätzt, dass Robert sehr wohl die erheblichen Hautprobleme von Sybille wahrnahm. Auch konnte sie nicht ahnen, dass er sich bereits Sorgen darübermachte und ihr helfen wollte.

So kam es, wie es kommen musste: Als beide in bester Stimmung waren, zog Robert plötzlich seine Hand aus Sybilles Gesicht. Vorsichtig gab er zu bedenken, ob Sybille nicht doch etwas für ihre Haut tun sollte. Das saß, wie sie mir gegenüber bekundete: „Was heißt hier *etwas machen*? Ich mache permanent etwas mit meiner Haut. Nur besser wird sie nicht", resignierte Sybille im Gespräch. Vieles schmierte sie auf ihr Gesicht. Aber nichts wollte wirklich helfen.

Wer sich ein wenig Zeit nimmt und einmal mutig einen Blick auf die INCI (Inhaltsstoffangabe) seiner benutzten Cremes, Shampoos, Lippenstifte oder des Rasierschaums wirft, wird Erstaunliches entdecken. Vielleicht aber auch nicht, da das optisch so ansprechende Töpfchen, der Flacon oder die Dose gar nicht viel an Aufklärung zu bieten haben. Sie haben recht, wenn Sie darauf hinweisen, dass die Inhaltsangabe schwer oder gar nicht zu finden ist. Außerdem müssten wir in Latein bzgl. spezieller Fachwörter perfekt sein, um annähernd nachvollziehen zu können, was wir uns da auf die Lippen auftragen, z. B. am Abend, wenn wir uns beschwingt auf das Wochenende einlassen wollen und noch eine richtig gute Verabredung haben.

Wir schmieren besonders gern in der Hoffnung, sofort fünf, besser noch zehn Jahre jünger auszusehen. Das ist legitim und nachvollziehbar. Aber ändert nichts daran, dass wir als kleines Chemielabor auf der Tanzfläche stehen werden und die Falten am nächsten Morgen leider nicht verschwunden sind, sondern eher noch stärker zu Tage treten. Das liegt sicherlich am billigen Fusel, denken wir, den der Barkeeper ausgeschenkt hat und nicht am billigen Mineralöl, Parabenen, Cadmium, Blei und Co., welche fies versteckt in der gekauften Kaufhauscreme enthalten ist. Deshalb geht es unserer Haut so gar nicht gut.

Genau wie der von Sybille. Sie kam auf Empfehlung und wirkte ziemlich down. Dies war nachvollziehbar, denn sie hatte jahrelang sämtliche Kosmetika ausprobiert, in der Hoffnung, dies würde Besserung mit sich bringen. Sie kaufte die Apotheken förmlich leer. Die Regale in diversen Drogeriemärkten kannte sie in- und auswendig. Manchmal ertappte sie sich dabei, wie sie beim Lebensmitteleinkauf immer mal wieder in die dort vorhandenen sogenannten Kosmetikregale nach Hautmittelchen guckte.

Zwischen Salami und Waschpulver nahm sie meist etwas mit, da die Werbung eine glatte, porentief reine Haut versprach inklusive strahlendem Lächeln. So wollte es auch Sybille. Die Ernüchterung kam jedoch nach mehrmaliger Anwendung oder sofort in Gestalt von noch stärkerem Einsetzen von Juckreiz und Rötungen. Sie konnte nicht ahnen, dass in meine Praxis sogar Apothekerinnen kommen, um meine Biocreme zu kaufen – begleitet von Sätzen wie: „Ach, Frau Wolfram, das darf gar keiner wissen, dass ich bei Ihnen Biocremes kaufe, in meiner Apotheke aber selbst Cremes von Großfirmen verkaufe, bei denen ich gar nicht genau weiß, was drin ist. Aber das Apothekergeschäft ist halt schwer. Sie wissen ja, online usw."

Sie hatte wohl recht, dass nicht immer alles leicht und nachvollziehbar ist. Wir können so manches nicht nachvollziehen, was wir im Leben sehen und erleben. Aber letztendlich kennt jeder die Momente, wenn es uns aufgrund eines grippalen Infektes oder einer schweren Mittelohrentzündung gesundheitlich sehr bescheiden geht, so dass wir an unserem Zustand verzweifeln und insgeheim froh sind, dass das verschriebene Antibiotikum uns buchstäblich das Leben rettet. Verschrieben vom Doktor in Weiß und aus der Apotheke abgeholt.

Es ist sicherlich nicht die *eine* Creme, welche uns in schwere Hautkrankheiten stürzt. Meist ist es das jahrelange Auftragen von kleinen teuflischen Chemiebomben, die zeitversetzt ihre schweren Folgen auf unserem Gesicht oder Körper zeigen, eventuell in Form von noch tieferen Falten, da die Haut durch schwere Formaldehydsubstanzen und schmierige Mineralöle sowie gesundheitsschädliche synthetischen Konservierungsmittel ihren Prozessen nicht nachgehen kann – was jedoch für eine schöne und gesunde Haut unabdingbar ist. Haut kann viel, wie auch die Seele eines Menschen. Erst einmal viel wegstecken, dann wegdrücken. Aber irgendwann, mit zunehmendem Alter schaffen Seele und Organe auch das nicht mehr.

Der eine geht über die Galle, der nächste sucht sich die Blase oder das Herz, eventuell eher den Magen und der andere die Haut. So wird sichtbar, was da anders laufen müsste, auch wenn wir nicht mehr optisch vertuschen können, dass uns die kleinen Blutgefäße auf Wangen, Nase, Stirn und/oder Kinn buchstäblich platzen und als rote Netzwerke erscheinen. Oft benennen wir dies als Couperose und/oder Teleangiektasien. Auch Bluthochdruck hat sich schon längst eingestellt. Nur hören wollen wir es nicht wahrhaben, was das Wort bereits beinhaltet: Druck-hoch-Blut. Wir dürfen belächeln, was manch kluger Naturheilkundler oder Therapeut in der Analyse von sich gibt. Auch dass nicht sein darf, was nicht sein kann, nämlich, dass sich die Seele mit zunehmendem Alter Gehör schaffen muss und nur über den Körper gehen kann. Somit steigt der Druck, wenn Frau und Mann nicht wahrnehmen wollen, was sich im Laufe des Lebens unbewältigt so angestaut hat: Traumata, die meistens bereits in der Kindheit latent oder offensichtlich entstanden sind. Später im Leben kamen weitere dazu. Mann und Frau haben aber nicht gelehrt bekommen, wie damit im Sinne von Körper und Seele umgegangen werden sollte, damit beide buchstäblich erlöst werden können. Es ändert selbst für denjenigen, der weiterhin Lebensgesetze ignorieren möchte, nichts daran, dass jeder die Rechnung am Schluss selbst bezahlen muss. Die kommt. Darauf kann sich jeder verlassen.

Sagt die Seele zum Körper: „Du, werde bitte krank."
„Warum", fragt der Körper.

Sagt die Seele: „Auf mich hört sie/er nicht mehr."

Sybille hatte erkannt, dass das Thema Haut bei ihr zu Hause nie ein Thema war. Zwar hatte sie die vernarbte und großporige Haut ihres Vaters wahrgenommen, jedoch sprach weder er noch sonst jemand darüber. Bei ihrer Mutter mussten Wasser und ein Stück Seife reichen. So sah deren Haut auch aus: sehr trocken und faltig und ähnelte – wie Sybille rückblickend erläuterte – Pergamentpapier. Stets hatte man den Eindruck, einzelne Hautstellen würden jeden Augenblick aufplatzen. Als Kind hatte Sybille manchmal an besagten Seifen gerochen. Sie waren das Einzige, was in ihrer Kindheit blumig, süß und warm duftete.

Allerdings kann sie sich erinnern, dass auch ihre Haut spannte, wenn sie ihre kleinen Kinderhände damit wusch. Das kann im Rückblick mit diversen Stoffen zu tun haben, welche wahrscheinlich der Seife zugesetzt waren. Die klassische Seife besteht aus Ölen und Fetten zuzüglich einer Lauge. Durch den Prozess der Verseifung entstehen schmutzlösende Substanzen, die zur Reinigung gedacht sind. Bei der Seifenherstellung entsteht durch Hydrolyse aus Ölen natürliches Glycerin. Dieser Stoff ist für den Feuchtigkeitsgehalt der Haut wirksam. Problemstoffe in Seifen sind EDTA, Azofarben und Konservierungsstoffe oder ethoxilierte Tenside. Nehmen wir uns EDTA (Ethylendiamintetraessigsäure – schwieriges Wort) unter die Lupe. Bindungen im Leben sind wichtig und oftmals angenehm. EDTA bindet sich auch, allerdings mit allem, auf was es stößt. Somit auch mit Giftstoffen, die dann in die Haut gelangen. In Australien ist dieser Stoff verboten, unter anderem, weil er in der Umwelt nicht abgebaut werden kann.

Gefahrensymbole:

Umweltgefahren:
Schädlich für die Umwelt, vor allem für Wasserlebewesen. Wassergefährdend (WGK 2). Meeresschadstoff.

Symptomatik: Der Stoff kann oral, über eine Inhalation oder über die Haut (**Kontaktgift!!**) aufgenommen werden und ätzt Haut, Augen und Atemwege. Bereits bei einer Temperatur von 20 °C kommt es sehr schnell zu einer toxischen Kontamination der Luft. An den Augen kommt es zu einer Rötung, Schmerzen und einem verschwommenen Blick.

Da wundert sich die kluge Frau von heute, warum wir auf manche Kosmetikartikel mit tränenden Augen oder Juckreiz und – noch belastender – Hautausschlag reagieren. Die Balance zwischen Öko und Bio und Deluxe-Aussehen zu finden, ist sehr anspruchsvoll und auch nicht immer schnell zu erreichen. Wir sollten uns sehr wohl Zeit für uns und diese Belange nehmen. Ansonsten sind wir den Werbeversprechen machtlos ausgeliefert, vergleichbar einer Unterschrift auf einer Versicherungspolice, die wir geben, ohne dass wir uns den Vertrag ausreichend durchgelesen haben, um dann entscheiden zu können, ob die darin enthaltenen Punkte für uns annehmbar sind oder nicht. So wäre es zu begrüßen, wenn der Verbraucher endlich leichteren Einblick in die Inhaltsstoffangabe seiner Kosmetikartikel wie Hautcreme, Shampoo und Seife ermöglicht bekommen würde.

Seifenerlebnis pur

Wir benötigen nicht unbedingt allabendlich Reinigungsmilch zum Reinigen unserer Haut. Wer Seifen liebt, kann diesen gern den Vorrang geben. Seifen sind wahre Gesundmacher für die Haut, allerdings nur, wenn keine zusätzlichen Chemikalien, künstlichen Duft- und gefährliche Farbstoffe zugesetzt sind. Eine gute Gesichtsseife zieht den pH-Wert der Haut auf 5,0 – 5,5. Dies gelingt allerdings genauso mit einer echten Bio-Reinigungsmilch. Der Vorteil von Reinigungslotionen ist die überdurchschnittlich hohe Pflegeeigenschaft für die Hautoberfläche bereits während des Reinigungsprozesses. Allerdings nur, wenn es sich bei den Inhaltsstoffen um echte Bio- bzw. Naturstoffe handelt. Wir bieten daher eine Reinigungslotion an, die diese Eigenschaften bereits mitbringt und die zusätzlich sogar als Augen-Make-up-Entferner genutzt werden kann – ohne alle synthetisch fragwürdigen Stoffe, ohne Parabene oder Mineralöle, sondern durch und durch mit hautunterstützenden Stoffen wie Bio-Sesamöl, sogar D-Panthenol und Squalan hergestellt. Einzigartig – und ein guter Start, um Sie entspannt in den Feierabend zu bringen. Und das auf gesunde Art und Weise für Ihre kostbare Haut sowie den Organismus, denn Sie wissen ja, was wir uns auf die Haut auftragen, kommt auch irgendwo an.

Es gibt **22.000 Konservierungsstoffe,** welche in diversen Kosmetikartikeln verwendet werden!

Zweiter Schritt zur schönen und gesunden Haut:
Reinigung, Eincremen und Umgang

Reinigung ist für die Haut entscheidend und wichtig. Früh morgens reicht es vollkommen, wenn Sie mit lauwarmem bis kühlem (gern auch kaltem) Wasser reinigen. Falls sich kleine Entzündungen eingestellt haben, können Sie diese Stellen mit Apfelessig behandeln, indem durch Hinzunahme eines Wattepads dieser damit getränkt wird. Lassen Sie den Apfelessig ruhig einziehen. In den meisten Fällen werden die entsprechenden Hautstellen nach dem Behandeln mit Bio-Apfelessig erst einmal rot. Das ist normal, da die Haut sich auf ihren pH-Wert zieht. Die Rötungen sind in den meisten Fällen nach ca. 20 Minuten verschwunden. Danach können Sie sich Ihre Haut mit der DiVEDA Bio-Deluxe Anti-Age oder der Bio-Propolis, wobei es sich um Manufaktur-Cremes handelt, eincremen. Tragen Sie die Substanz sorgsam über Gesicht, Hals und/oder Dekolleté. Ganz zum Schluss sollten Sie die Hände für den bevorstehenden Tag damit verwöhnen. Sie können mit der BioDiVEDA auch den Augenbereich eincremen. Es sind keinerlei Schmierstoffe enthalten, sodass an sich nichts in die Augen kriechen kann. Allerdings sollte keine Creme direkt auf Augenschleimhäute aufgetragen werden, da sich nachvollziehbar ein – wenn auch leichter – Fettfilm auf den Augen bilden kann.

Am Abend sollten Sie stets Ihren Gesichtsbereich sowie Hals reinigen. Sie können dazu wie erwähnt eine gute Bio-Gesichtsseife – oder für diejenigen, welche es cremiger beim Abreinigungsprozess haben möchten, eine Bio-Reinigungsmilch – verwenden. Achten Sie unbedingt darauf, keine harten Schwämme oder Lappen zu verwenden, sondern stets weiche Materialien und, so gut es geht, keimfrei. Ich rate Ihnen zur Hinzunahme von Wattepads in Bioqualität bestehend aus 100 % Baumwolle. Fragen Sie Autoliebhaber zum Thema Lack. Der Vergleich mit unserer Haut wird ihnen eventuell befremdlich vorkommen. Bei näherer Betrachtungsweise liegen diesen Themen gar nicht so weit auseinander. Autokenner wissen, dass der Lack für das gepflegte Erscheinungsbild eines Fahrzeugs überdurchschnittlich wichtig ist. Ein echter Autoliebhaber und -kenner würde seinem Lieblingsfahrzeug nur die beste Autowäsche in dafür vorgesehenen Autowaschstraßen zukommen lassen. Wir wissen, dass es in einigen Großstädten sogenannte Luxuswellness-Autowaschstraßen gibt, in denen besonders auf die Beschaffenheit der Bürsten und Mittel geachtet wird. Die Steigerung findet sich in Autolackpoliermitteln, welche nicht selten um die 100 € und mehr kosten können. Kein Fachmann würde für seinen Autolack grobe Lappen verwenden, da der Lack sonst Schädigungen in Form von Kratzern erhalten würde.

Bezüglich Ihrer unersetzlichen Haut rate ich Ihnen, es ebenso fürsorglich zu machen. Wer die Haut täglich mit zu scharfkantigen Peelings oder Waschlappen behandelt, wird dieser unweigerlich kleine und kleinste Verletzungen zuführen. Diese sind zwar mit bloßen Augen nicht zu erkennen, aber unter der Lupe würden Sie Einschlüsse im Hautgewebe ausmachen können. Diese stellen kleinste Verletzungen dar. Bakterien und Viren können dort schnell und ungehindert in die Haut und den Organismus eindringen. Hinzu kommt, dass Ihre Haut stets Reparaturarbeiten leisten muss, um die Epidermis wieder verletzungsfrei zu machen. Daher rate ich Ihnen, bei Abreinigungsprozessen sorgsam und sanft mit Ihrer Haut umzugehen. Es steht der Gründlichkeit nicht entgegen.

Isana Bio-Wattepads beispielsweise bestehen aus 100 % Bio-Baumwolle aus kontrolliert biologischem Anbau und sind sauerstoffgebleicht. Ihre weiche, fusselfreie Oberfläche bietet sich einwandfrei für das Auftragen von Lotionen und zum Abschminken an. Isana Bio-Wattepads stehen für einen respektvollen Umgang mit der Natur, ihren Ressourcen und den Menschen – für eine Welt von morgen. Sie werden nach den Richtlinien des SA 8000 produziert, einem System, mit dem Arbeitnehmerrechte, Arbeitsplatzbedingungen und Menschenrechte gefördert werden.

Wählen Sie die Wassertemperatur nicht zu heiß. Gesichtshaut mag es lauwarm bis kühl. Denken Sie bitte daran, dass Haut größtenteils aus Proteinen (Eiweiß) besteht. Den Vergleich aus einer Vortragsreihe eines Hautanalysten finde ich zutreffend: „Was passiert, wenn Sie ihre Hand (Haut) auf die Herdplatte legen?" Antwort: „Eiweiß verbrennt."

Reinigen Sie gründlich, und holen Sie sämtliche Make-up-Reste von Ihrer Haut. Danach mit Bio-Apfelessig oder Rosen- oder Hamamelis-Wasser abtupfen. Somit unterstützen Sie die Haut bei derer Ausrichtung auf den richtigen pH-Wert. Es sei nochmals darauf hingewiesen, dass diese Anregungen Empfehlungen sind und kein Muss. Hören Sie auch auf Ihre innere Stimme und integrieren sie den einen oder anderen Stoff bei Bedarf, Lust und Laune. Und vor allem: Nehmen Sie sich Zeit! Das ist eine der wichtigsten Grundregeln für ein dauerhaft gutes Ergebnis für ihre gepflegte und schöne Optik. Zum Abschluss können Sie auf Ihre unersetzliche Haut gern unsere BioDiVeda Manufaktur-Creme auftragen.

BioDiVeda – so rein, dass man sie essen könnte!

Dritter Schritt zur schönen und gesunden Haut:
Die Zusatzprogramme

Wenn es Ihr Hautzustand erfordert, können Sie alle zwei bis drei Wochen ein sanftes Peeling und/oder eine Maske anwenden. Wie ich bereits erwähnt habe, sind Masken sogenannte schnelle Schönmacher. Sie können die BioDiVeda Cremes deluxemäßig auch gern als Maske einsetzen. Tragen Sie die Creme mit dem Pinsel oder dem Finger reichhaltiger als beim Vorgang des Eincremens auf die entsprechenden Stellen wie zum Beispiel Gesicht und Hals auf. Bitte nicht verreiben, sondern einfach einziehen lassen. Hautzellen nehmen sich die benötigte Menge je nach Bedarf. Das können Sie meistens nach 10 bis 15 Minuten an Hand der optisch verschwundenen Maske sehen, nämlich welche Hautpartien mehr Stoffe aufgenommen haben als andere. Das ist normal.

Bei vielen ist die sogenannte T-Zone – damit sind Stirn, Nase und Kinn gemeint – besser durch den Eigentalg gefettet, sodass die Haut in der Regel dort weniger Creme bzw. Maske benötigt. Ampullenkuren sollten ausschließlich abends ihre Anwendung finden. Diese kleinen Moleküle gehen tiefer in die Haut, sodass dafür Sorge getragen werden sollte, dass keinerlei schädliche Chemiestoffe aufgetragen werden – was bei dem einen oder anderen in Form von Make-up eher am Morgen stattfindet. Oder kennen Sie genauestens die INCI Ihres Make-ups? Wie in meinem ersten Buch *Leben, Schönheit und alles Cremige* beschrieben, haben die kleinen braunen Cremesubstanzen es des Öfteren in sich hinsichtlich fragwürdiger Inhaltsstoffe wie Parabene oder belastete Farbpigmente in Form von Blei und Cadmium. Somit achten Sie bitte darauf, Wirkstoffampullen nach dem gründlichen und sorgsamen Abreinigen erst zum Abend hin aufzutragen, da sonst die Gefahr besteht, wenn Sie am Morgen ein Make-up auf Ihre kostbare Haut auftragen, dass darin enthaltenden Stoffe wie die oben benannten zu tief in die Haut eindringen.

Wenn Sie zusätzlich zur täglichen Hautpflege die Optik des Hautbildes verbessern möchten, ist dies nachvollziehbar. Notwendig allerdings ist, hier mit einer Bio-Tönungscreme zu arbeiten. Anspruchsvolle Bio-Tönungscremes wie unsere DiVeda deluxe pflegen und schützen nicht nur die Haut, sie optimieren das Hautbild zusätzlich durch die darin enthaltenen Mineralpflanzenfarbstoffe. Es steht außer Frage, dass passende Farbtöne den Menschen jederzeit attraktiver erscheinen lassen. Unsere BioDiVeda Tönungscreme Deluxe enthält neben wertvollem Bio-Jojobaöl (Gold für die Haut) auch reine pflanzliche Pigmentfarbstoffe, die durch Zink und Magnesium die gesamte Substanz wertvoll abrunden. Die Bio-Tönungscreme BioDiVeda enthält keinerlei chemische Stoffe, Parabene, Mineralöle, Formaldehyd etc., sondern ist prall gefüllt mit hochwirksamen Biostoffen. Schon allein das ist einzigartig!

Etliche meiner Kundinnen haben während ihres Berufsalltags die Bio-Tönungscreme in ihrer entsprechenden Handtasche. (Sie können eine kleine Menge in ein 5 ml Töpfchen abfüllen.) Somit ist gewährleistet, dass bei Bedarf jederzeit Tönung nachgetragen werden kann, falls Haut und Optik danach verlangen. Auch in Phasen, in denen die Haut mehr zu Unreinheiten neigt, darf und können Hautstellen nachbehandelt werden. Durch den hohen Zink- und Magnesiumgehalt sowie den Bienenwachsanteil und die Beigabe weiterer entzündungshemmender Naturstoffe wirkt die Bio-Tönungscreme beruhigend ohne auszutrocknen.

Wenn die Haut am Morgen müde oder unruhiger erscheint – was zeitweise vorkommen kann, da die Haut Zyklen unterliegt – rate ich trotzdem vom Gebrauch irgendwelcher Hautampullen ab. Substanzen, die tiefer in die Haut gelangen, sollten nach dem Abreinigen am Abend ihre Anwendung finden. So ist gewährleistet, dass Hautzellen und Matrix in den Ruhephasen Substanzen dorthin transportieren und verarbeiten können, wo es angebracht ist. Achten Sie bei Ampullenanwendungen darauf, dass reine Bio-Stoffe enthalten sind. Der

Inhalt von Ampullen gelangt tiefer in die Haut. Wenn chemische Stoffe in diesen vorhanden sind, dringen auch gefährliche und fragwürdige Substanzen in die Haut.

Wir wissen heute, dass alles, was wir uns auf die Haut auftragen, sehr wohl in diese einzieht und auch die Matrix durchquert, somit also auch Kontakt mit Blutgefäßen hat. Ich erinnere an die Botoxstudie aus meinem ersten Buch *Leben, Schönheit und alles Cremige*. Darin berichten diverse Kliniken, dass Botox bei Versuchsreihen nicht nur an der Stelle, wo es injiziert worden ist, wiedergefunden wurde, sondern im gesamten Körper. Sie können also davon ausgehen, dass selbst Farbstoffe aus der Kleidung, wenn diese Kontakt mit der Haut bekommen haben, im Körper und ggf. Blut nachzuweisen sind. Seien Sie wachsam, was an und besonders auf Ihre kostbare Haut kommt!

PEELING-Anwendungen

Am Abend können Sie alle 2 bis 3 Wochen das erwähnte Natur-Peeling integrieren.

Hier nochmals die Zusammensetzung:

1 Teelöffel feinstes Meersalz (jodfrei !!)

2 Teelöffel gutes Olivenöl

verrühren und mit kreisenden leichten Bewegungen (kein Druck) auf Gesicht, Hals und – wenn gewünscht – Dekolleté und Arme sowie Hände sanft auftragen. Mit lauwarmen Wasser abnehmen. Zum Schluss mit kaltem Wasser die Haut abspülen. Die Wechselbäder tun auch der Gesichtshaut gut, zumal das Bindegewebe dadurch gestärkt wird. Was für den Körper hinsichtlich von Kneipp-Anwendungen der bekannten Wechselbäder (heiß/kalt) gilt, hilft auch der Gesichtshaut. Wie bereits erwähnt, können Sie ab und zu eine Gesichtsmaske integrieren. Masken sind schnelle Schönmacher. Allerdings nur, wenn diese reine Biosubstanzen enthalten und keinerlei Giftstoffe wie Aluminium, Silikon, Parabene, Formaldehyd usw.

Wenn Sie im Besitz unserer Manufaktur-Creme Bio-DeLuxe sind (in unserer Praxis erhältlich), können Sie mit Hilfe dieser eine Hautmaske auf Gesicht, Hals, Dekolleté und/oder Hände auftragen.

Nehmen Sie ein halbe bis ganze walnussgroße Menge. Streichen Sie diese mit dem Finger oder Maskenpinsel auf die Haut. Nicht einmassieren! Lassen Sie die Maske 10 bis 15 Minuten einziehen. Was dann nicht eingezogen ist, kann unter Zuhilfenahme von Wattepads oder weichen Waschpads mit lauwarmem bis kühlem Wasser abgenommen werden, da diese Hautpartien dann gut gesättigt sind.

Es gibt kein Körperorgan, das wertvoller ist als irgendein anderes und deshalb mehr Pflege verdiente. Aber, müsste man einen ersten Preis vergeben, so würde er der Haut zustehen. (Ron Fischer)

Wie stellen Großkonzerne Gesichtscremes her? Und wo und worin? Rührt jemand liebevoll beflissen wertvolle Bioinhaltsstoffe in überschaubare keimfreie Behälter? Oder sind wir verwirrt, weil wir uns das eben so vorgestellt haben und nun bei der Führung durch ein Unternehmen für Hautcremes große Metallbehälter vorfinden? Wir fragen uns bereits jetzt, wie die Hygiene in diesen großen Hallen tatsächlich eingehalten werden soll. Wir haben erfahren, dass in diesen überdimensionierten Bottichen auch Shampoo und andere Pflegemittel hergestellt werden. Aber vorher wurde doch hier unsere Hautcreme angerührt?, fragen wir uns irritiert. Effektivität kennt halt keine Werberomantik. Hinter vorgehaltener Hand erfahren wir, dass in diesen Bottichen beim Einrühren von Cremes Mittel hinzugeschüttet werden, die das vollständige Lösen der Substanz vom Dreharm und den Bottichwänden gewährleistet. So kann nach der Herstellung von Hautcremes im selben Gefäß eben Shampoo und Co. angerührt werden.

Da fragen wir klugen Frauen uns, ob dies gut für Haut und Mensch sein kann, dass in Kosmetika neben fragwürdigen Inhaltsstoffen auch noch solche zu finden sind, die die Geräte sauber halten sollen. Man spricht von Tensiden, Sodium-Lauryl-Sulfat und Ähnlichem. Wie in den letzten Jahren verstärkt in der Lebensmittelbranche zu beobachten, rücken immer mehr kleine Biofirmen nach, die per Handarbeit (Manufaktur) sehr gute und vor allem naturidentische Lebensmittel herstellen, angefangen vom echten Biobrot (ohne Klebstoffe, Geschmacksverstärker und fragwürdige Konservierungsstoffe) bis zur echten Marmelade. Wer sich echte Nahrungsmittel zuführt, möchte diese nie wieder gegen synthetische, im Labor hergestellte eintauschen. Genauso werden Sie eine echte Bio-Haut Creme aus der Manufaktur nie wieder gegen eine synthetische der Industrie eintauschen wollen.

BioDiVeda

Crememanufaktur Undine Wolfram

Vierter Schritt zur schönen und gesunden Haut:
Stress – Schlaf – Essen

Nicht nur Studien belegen, dass Stress dem Organismus und der Haut zusetzen. In großen Stressphasen haben viele Frauen das Gefühl, dass die Falten über Nacht noch tiefer geworden sind. Sind wir nicht mehr im ausgeglichenen inneren Zustand, können Haut und Haare empfindlicher reagieren als sonst.

Beim Thema Entzündungen und Pickel wissen auch Schüler in Prüfungsphasen, dass die Haut sozusagen „verrückt" spielt. Es ist auch kein Zufall, dass die Haut zu solchen Zeitpunkten an Stirn und Kinn Entzündungen auswirft. Diese Zonen sind dem Darm zuzuordnen. Auch bei Diäten können vermehrt Pickel und Entzündungen auftreten, da die Haut darüber entschlackt.

Studie: Jede dritte Hautkrankheit – so lt. Ärztezeitung Dermatologie – tritt gemeinsam mit psychischen Leiden auf. Zum Beispiel: **Urtikaria (Nesselsucht)** als Folge unterdrückter Wut oder **Neurodermitis** durch zu viel Stress. Neurodermitis und **Psoriasis** (Schuppenflechte) sind zu Volkskrankheiten geworden. Weiter wurde von Forschern festgestellt, dass unter an Depression leidenden Menschen Hautkrankheiten doppelt so hoch vertreten sind. Professor Gieler (Uni-Hautklinik Gießen) stellte fest, dass ein derart enger Zusammenhang zwischen Psyche und Haut bisher nicht nachgewiesen war, doch nunmehr zur Kenntnis genommen werden muss. Wir dürfen es begrüßen, dass Schulmediziner jetzt nicht mehr umhin kommen, Menschen bei der Behandlung *ganzheitlich* zu erfassen. Allerdings war alten Hausärzten und Heilpraktikern sowie Naturkundlern der oben beschriebene Zusammenhang bereits vor 100 und mehr Jahren bewusst, dass nämlich jede Krankheit aus einer Ursache heraus entsteht und dass eine reine Behandlung der Symptome niemals wahre Heilung bringen kann.

Schlaf, das weiß jeder, ist einer der wichtigsten Faktoren, um sich gut zu fühlen. In Schlafphasen kann auch Haut regenerieren. Neue Hautzellen können ungestört an die Oberfläche rücken sowie kleinere oder größere Reparaturarbeiten leisten. Hautverletzungen heilen zügiger ab, wenn Mensch sich guten Schlaf gönnt. Wir wissen, dass nicht nur wir, sondern auch der Spiegel aufjault, wenn wir unsere Haut nach wenig oder schlechtem Schlaf begutachten.

Ungesunde *Ernährung* kann eine zu trockene oder zu fettige Haut auslösen. Flüssigkeitsverlust ist uns sofort an der Haut anzusehen. Deshalb ist es ratsam, darauf zu achten, dem Organismus genügend Wasser, Obst- und Gemüsesäfte bis hin zu grünen Smoothies zuzuführen.

Auf Platz 2 der schweren Erkrankungen von Menschen stehen Hauterkrankungen. Und dies mit weiter wachsender Tendenz. Sie fragen sich sicherlich nicht mehr, warum das so ist, da wir die Antworten bereits kennen. Dass die chemischen Belastungen in Lebensmittel, Umwelt und Kosmetika nach langer Zeit des Inhalierens Spuren zeigen müssen, ist unumstritten und nachvollziehbar. Haut – genau wie der Mensch – kann viel wegstecken, aber irgendwann auch das nicht mehr. Wer täglich beruflich mit dem Thema Haut zu tun hat, kennt die Hilferufe von Patienten und Kunden. Dass die Kunden die jahrelang benutzen Kosmetika wie Creme, Duschgel, Rasiermittel, Deodorant, Mascara etc. plötzlich nicht mehr vertragen, ist erklärbar. Auch dass manch einer nun mit über 50 Jahren gar nicht mehr ohne eine Creme auskommt, obwohl früher nie gecremt, ist erklärbar.

Sie wissen es, liebe Leserinnen und Leser, das Leben scheint manchmal nur noch die Extreme zu kennen. Wenn wir eine durchzechte Nacht mit zu viel gutem Wein und üppigem Essen hinter uns haben, wundern wir uns allerdings nicht, dass der nächste Tag für uns energielos und müde stattfindet. Selbst der Laie kann hier fachlich nachvollziehen, dass der Körper entgiften möchte und die Seele Ruhe braucht.

Fünfter Schritt zur gesunden Haut: Auszeiten für Haut und Seele

Ich lege Ihnen ans Herz: Kümmern Sie sich um Ihre Haut und deren Zustand. Es wird leider keiner an der Tür klopfen, der dies für Sie übernimmt. Integrieren Sie, wenn nicht bereits erfolgt, wenigstens einmal in der Woche ein Home-Pflegeprogramm. Es darf mit dem Naturpeeling bis hin zur Maske und integrierter Gesichts-, Hals und Dekolletémassage gearbeitet werden. Ohne Berührung gibt es keine gesunde Haut. Massagen regen den Stoffwechsel unserer Haut an, Schlacken werden abtransportiert und die Durchblutung angeregt, sodass die Haut leichter ihre wichtigen Prozesse angehen kann. Meist sieht das Hautbild danach frisch und rosig aus. Hinzu kommt der überaus wichtige, aber meist unterschätzte Erholungseffekt. Wir wissen aus Studien, dass bereits Säuglinge bei fehlender körperliche Zuwendung wie liebevollen Berührungen signifikante seelische Störungen davontragen. Die Verantwortung, unsere Haut und Seele zu nähren, auch durch angenehme Berührungen, bleibt ein Leben lang.

Haut – Spiegel der Seele

Fühlen wir uns geistig und körperlich ermüdet, ist dies auch an unserer Haut zu erkennen. Stimmungen können uns erblassen oder erröten lassen, wir bekommen eine Gänsehaut – und das nicht nur bei kalten Temperaturen. Nicht nur im Sport kommt es zu Schweißausbrüchen, sondern auch durch Gefühlsregungen von Angst bis hin zur Freude. Erschöpfung sowie Übersäuerung zeigen sich durch dunkle Augenbereiche an den Orbitalzonen (Hautpartie unterhalb der Augen). Auch Blasen- und Nierenbeckenentzündungen zeigen sich in diesen Bereichen. Meist leidet man dann verstärkt an Stauungen von Gewebswasser bis hin zu Tränensäcken.

WASSER – *Gesundmacher für Haut und Seele*

Wasser ist eines der wichtigsten Elemente unseres Lebens. Nicht nur, dass der Mensch zu über 70 % und das menschlich Auge zu über 90 % aus Wasser bestehen: Das nasse Etwas ist für alles und jeden lebensnotwendig. Der menschliche Stoffwechsel funktioniert nur, wenn ihm genügend Wasser zugeführt wird. Wasser ist für das Herzkreislaufsystem, die Verdauung und als Lösungsmittel für Mineralstoffe und Transportmittel für Nährstoffe unabdingbar. Auch für die Entschlackung und Entgiftung des Körpers ist Wasser für den menschlichen Organismus elementar wichtig. Im Durchschnitt gehen einem Menschen zwei bis drei Liter Wasser im Laufe eine Tages verloren. Bei körperlicher Anstrengung oder hohen Temperaturen kann Haut zwischen 10 bis 15 Liter ausscheiden. Der Mensch tut gut daran, wenn er diesen Verlust in Form von Nahrung und Flüssigkeitszufuhr wieder ausgleicht. Bei ca. 0,5 % Flüssigkeitsverlust entsteht das Durstgefühl. Ohne Nahrung kann der Mensch bis zu 4 Wochen überstehen – ohne Wasser nur wenige Tage.

Wasser ist einer der stärksten Informationsträger und -überträger auf unserer Erde. Gönnen wir uns das ausgiebige Duschen oder ein Wannenbad, erleben wir danach ein entspanntes körperliches und geistiges Gefühl. Wasser kann Ihren Körper entladen. Strahlung umgibt uns täglich in Form von Handys, WLAN usw. Das Wort – geladen – bekommt dabei einen neue Bedeutung. Achten Sie darauf, dass Ihr Körper und Ihre Haut genügend Wasser bekommen.

> **Wasser heilt! Schreiben Sie sich das an Ihren Badspiegel!**

Horn (Haare) speichert Schmutz, Staub und vor allem Strahlung. Wenn Sie ihre Haare lang tragen, rate ich Ihnen, diese so oft wie möglich mit Wasser auszuspülen, damit sich Ihr Haar/Horn entladen kann. Besonders, wenn sich in Ihrem

Haar Chemie und Kunststoff befinden. (Lädt sich verstärkt auf.)

Schweiß stinkt nicht, es sei denn, er wird bakteriell zersetzt. Kleidung, die durchgeschwitzt riecht, muss gewaschen werden. Nur Auslüften besagter Stücke reicht nicht aus, da der alte Schweißgeruch in der Kleidung durch Körperwärme wieder zum Tragen kommt. Anders bei Rauch: Gerüche die von außen an die Kleidung herangetragen werden, verflüchtigen sich beim richtigen Auslüften.

Haut ist fester als Wasser, weicher als Eisen, härter als Baumwolle, wärmer als Eis, glatter als Baumrinde, gröber als Seide, feuchter als Mehl.

Ein wichtiger Rat, den ich Ihnen für Ihre Gesundheit ans Herz lege: Klären Sie des Öfteren Ihre Hände mit kühlem Wasser. Nehmen Sie keinerlei synthetische Seife hinzu. Lassen Sie das kühle Wasser über Ihre Hände fließen. Wasser heilt und entlädt, besonders, wenn Sie Stressphasen ausgesetzt sind oder mit Materialien in Berührung kommen, die stark aufgeladen sind. Ich rede hier nicht von Ihrer Schwiegermutter, eventuell ist es ihr Handy oder Computer, vielleicht ist es auch beruflich bedingt z. B. bei Friseuren, Physiotherapeuten, Ärzten, Schustern, Fleischer usw. Wasser ist nicht nur H^2O (Wasserstoff und Sauerstoff). Wasser ist mehr. Es heilt uns von innen und außen. Haben Sie einen anstrengenden Tag hinter sich, gönnen Sie sich ein ausgiebiges Dusch- oder Wannenbad.

Sonnenmilch, der große Schummler

Immer wieder werde ich von Kundinnen nach einer guten Sonnenmilch gefragt. Was stört die meisten an den herkömmlichen und nicht immer preiswerten Sonnen"schutz"lotionen? Und vor allem, was ist drin in diesen?

Kundinnen bringen es auf den Punkt, nämlich dass das Eincremen meistens einen schweren Film auf der Haut hinterlässt – als hätte man sich mit billigem Speiseöl eingecremt. Die Biobranche warnt seit vielen Jahren vor den Inhaltsstoffen in diesen Fläschchen. Längst hat fast jeder schon einmal gehört, dass Sonnenlotionen umstritten sind. Neben Billigölen wie Mineralöl (Abfallprodukt von Erdöl) werden den Substanzen auch synthetische Duftstoffe beigemischt.

Wir wollen Schutz um jeden Preis!

Ob es die Kosmetikindustrie wahr haben will oder nicht: die Haut des Menschen hat an sich bereits einen „eingebauten" gesunden Sonnenschutzfilter. Wenn Sie synthetische Sonnencremes auf ihre unersetzbare Haut auftragen, sind in diesen in der Regel keine oder geringe echte Naturstoffe enthalten. Wenn Sie mutig sind, lesen Sie über die nachfolgenden Studien. Wenn Sie die Wahrheit aber heute nicht ertragen können, überspringen Sie dieses Kapitel. Wir wissen ja, wir lieben die Wahrheit – aber nicht jeden Tag, das kann kein Mensch ertragen.

Sonnenmilch – die versteckte Bedrohung und das Spiel mit der Angst

Studien belegen, dass bestimmte UV-Filter in Sonnencremes und Flammschutzmittel in Textilien den **Hormonhaushalt** der Menschen durcheinanderbringt. Dort führen diese fragwürdigen Stoffe zu einer Veränderung der Steuerungsfunktion der etwa 50 verschiedenen Hormone im menschlichen Körper. Laut einer Studie sind 97 % der Amerikaner mit der

Chemikalie **Oxybenzone**, welche in Sonnencremes und anderen Kosmetika enthalten ist, vergiftet. Wir wissen heute definitiv, dass alles, was wir uns auf die kostbare Haut auftragen, auch in diese eindringt, und die Forschung bestätigt, dass diese giftigen Substanzen selbst in die Leber- und Nierengewebe eindringen und dort zu Schädigungen führen.

Diese Chemikalie wird unter anderem für die **Unterentwicklung von Babys** bei der Geburt und im Gefolge für eine Reihe chronischer Krankheiten im späteren Leben verantwortlich gemacht.

Wir müssen keine Chemiker sein, um nachvollziehen zu können, dass bei mehrmaligem Auftragen der Sonnenmilch während des Sonnenbadens – somit ein Zuviel an Chemie in Verbindung mit den hohen Temperaturen auf der Haut – nichts Gesundes entstehen kann. Hitze und Chemie, dass weiß bereits der Grundschüler, bildet ein explosives Gemisch.

Der Irrglaube, dass ein hoher Lichtschutzfaktor der totale Schutz ist, hält sich hartnäckig. Wir mögen Schutz, soviel ist klar. Also um so höher, desto besser?

Nein, tut mir leid. Sie wissen ja, Wahrheit jeden Tag ist schwer zu ertragen. Es ändert allerdings nichts daran, dass die Schutzwirkung bei LSF 20 bereits bei 96 Prozent liegt. Bei LSF 40 – somit dem Doppelten – liegt der Schutz nur 1,5 % höher, somit bei insgesamt 97,4 %. Aber uns tut es gut, zu glauben, dass ein höherer Faktor eine bessere Schutzwirkung mit sich bringe. Das macht sich die Werbeindustrie zu nutzen. Sie wissen ja: „London, die Frisur sitzt ..." Natürlich 24 Stunden lang und selbstverständlich bei Orkanstufe 10. Betonhaarspray kann angeblich so etwas.

Der UVA und UVB-Unterschied

Der Unterschied beider Strahlenarten ist, dass UVA-Strahlen tiefer in die Haut eindringen. UVB-Strahlen verbleiben dagegen an der Hautoberfläche. Allerdings ist die UVB-Strahlung wichtig. Sie fördert die Produktion des Vitamins D. Dieses Vitamin soll u. a. Krebs vorbeugen. Einige Forscher vertreten die Meinung, dass auf einen Patienten, der aufgrund von Sonnenlichteinfluss an Hautkrebs verstorben ist, 30 Patienten durch Vitamin-D-Zufuhr – durch Sonnenlicht – vor dem Krebstod hätten gerettet werden können. Aber nicht wenige Dermatologen empfehlen trotzdem einen hohen Lichtschutzfaktor LSF, obwohl Sonnencremes hauptsächlich die wichtige UVB-Strahlung blockieren. Diese jedoch ist, wie bereits erläutert, für den menschlichen Organismus und die Entstehung von Vitamin D ausgesprochen wichtig. Müssen wir dies verstehen oder nicht? Eher nicht. Im Gegensatz dazu wird nur ein geringer Teil der schädlicheren UVA-Strahlung durch LSF abgehalten.

Oma hat recht, dass diese Tatsache entsetzlich ist. Sie hat allerdings auch recht, wenn sie sagt: „Die Dummheit war seit Anbeginn der Menschheit vorhanden." Leider geraten heutzutage die Belange der Pharmaindustrie und Kosmetikindustrie umhüllt von manipulierender Werbung in den Vordergrund. Denn Frau hat recht, wenn sie ein cellulitefreies und bitt' schön wohlgeformtes Hinterteil haben möchte. Selbstverständlich hautmäßig gut gebräunt und gesund aussehend. Die weißen Blenderchen, die auch Zähne heißen, nicht zu vergessen. Auch wenn diese mit fragwürdigen Zahnweißmittelchen aufgerüscht worden sind. Na und, sagt sich manche Frau von heute. Man – in diesem Fall Frau – lebt nur einmal. Fragen wir uns allerdings, wer weiß wie lange!

Also meine lieben Damen, in der Zusammenfassung können wir alle feststellen, dass der Lichtschutzfaktor LSF größtenteils nur die UVB-Strahlung abhält, welche allerdings für die wichtige Produktion von Vitamin D im Körper benötigt wird. UVA-Strahlung, die tief in die Haut eindringt und dort Schädigungen verursachen kann, wird kaum durch Hinzunahme von Sonnenmilch mit LSF verhindert!

Was empfehle ich und viele ganzheitlich denkende und arbeitende Fachleute, wenn es um das Thema Sonnenmilch, gewünschte Bräune und den bevorstehenden Badeurlaub geht?

Bevor wir unseren ersehnten Sommer- und vor allem Sonnenurlaub antreten, sollten wir nach Möglichkeit Ausschau halten, vorher der Haut die Chance geben zu können, sich *allmählich* an Sonnenbelichtung zu gewöhnen. Sonnenbäder am ganzen Körper sind sehr zu empfehlen, da viele wichtige Prozesse im Organismus dadurch in Gang gesetzt werden. Auch das für viele angenehme, warme und mollige Gefühl ist nicht zu verachten. Fühlt sich unsere Seele wohl, tun wir es auch. Allerdings gebe ich Fachleuten recht, wenn ausdrücklich darauf hingewiesen wird, schrittweise steigernd mit den erwähnten Sonnenbädern zu beginnen. Beim ersten Mal werden 5 bis maximal 10 Minuten empfohlen. Wir wissen, dass unser Alltag so manches Mal den Eindruck macht, absolut keine Zeit für uns zu haben. Die nehmen wir uns meistens erst, wenn wir ernsthaft erkranken. Deshalb ist es ratsam, neue und bewusste Handlungen im Umgang mit unserer Haut umzusetzen. Das halte ich nicht nur für eine machbare, sondern auch für eine nachvollziehbar gesunde Sache. In regelmäßigen Abständen kann dann die Zeitdauer erhöht werden – natürlich immer mit dem achtsamen Auge auf Haut und Körper. Die Hinzunahme einer (echten) Bio-Sonnenmilch ist nach meiner Ansicht zu empfehlen.

Die Natur bietet Stoffe, die zellunterstützend wirken. Echte Bio-Öle in der entsprechend richtigen Dosierung können ihre heilende Wirkung ausüben. Stoffe wie zum Beispiel Zink und Magnesium wirken als natürlicher Sonnenschutz. D-Panthenol unterstützt die Haut bei der Regenerierung. Sonnenmilch *sollte* nicht nur, sondern *muss* frei von Parabenen, Mineralölen, synthetischen Duftstoffen und weiteren Chemikalien sein. Allerdings sind genannte gesundheitsschädliche Stoffe leider überdurchschnittlich häufig in diversen Sonnencremes enthalten.

Ich gebe Ihnen recht, wenn Sie der Meinung sind, dass man heutzutage fast Chemiker sein muss, um die Inhaltsstoffangaben auf Döschen und Tuben wirklich zu verstehen. Selbst wenn wir dazu in der Lage sind, die kleinen fiesen Chemiezugaben auf der INCI zu entschlüsseln, werden wir nicht alles entdecken, was im Töpfchen ist. Bei Großkonzern geht das Firmengeheimnis vor. Das können wir nachvollziehen. Allerdings nicht mehr, wenn es unsere Gesundheit kostet.

Seien Sie bei Sonnenmilch besonders achtsam. Kaufen Sie ausschließlich Bio-Sonnencremes bei Bio-Anbietern. So können Sie sicher sein, dass Mallorca & Co Sie beim nächsten Strandurlaub nicht als chemisches Labor begrüßen wird und Sie stattdessen etwas für Ihre Gesundheit und Ihr Leben tun.

Aber Sie wissen ja, Wahrheit ist etwas wunderbares. Aber bitt' schön nicht jeden Tag. Das kann kein Mensch ertragen.

Geschichten zum Schmunzeln

Elsbeth und Hubert und ein unerwartet schöner Abend

Elsbeth und Hubert lieben es, sich Gutes zu tun. Elsbeth ist mit ihren fast 65 Jahren eine sehr attraktive und selbstbewusste Frau, besonders was Haut und deren Pflege anbelangt. Sie hatte vor zwei Jahren aufgrund von sich damals einstellenden starken Hautproblemen sämtliche, wenn auch optisch ansprechenden, Creme- und Spraydosen aus ihrem heimischen Bad verbannt. Das missfiel Hubert. Schließlich hatte er für seine Gattin in einem Luxuskaufhaus eine sehr teure Gesichtscreme erstanden. Er hatte es sich was kosten lassen.

Rückblickend hatte die überdurchschnittlich gut aussehende Verkäuferin mit blendender Figur Hubert in kurzen Worten mitgeteilt, dass er diese Luxuscreme kaufen *müsse*, wenn er was von Qualität hinsichtlich Hautcremes verstände. Der verführerische Augenaufschlag samt unverschämt langer Wimpern dieser so äußerst attraktiven Verkäuferin unterstrich das von ihr Gesagte. Hinzu kam, dass sie ihm auch gleich noch einen Exklusiv-Luxus-Mascara verkaufte. Seine Frau würde dann mindestens genauso lange Wimpern tragen, wie die hier angestellte nette Verkäuferin.

Hubert konnte zu diesem Zeitpunkt noch nicht ahnen, dass sich aufgrund dieser kleinen Sexbombe von Verkäuferin seine Amygdala im Frontlappenbereich des Gehirns unverzüglich heftig meldete. Wir wissen aus Studien, dass unverzüglich das Belohnungszentrum (Amygdala) im Gehirn aktiviert wird, wenn Mensch auf schöne Dinge oder Menschen trifft. Diese Aktivität ist gleichzustellen mit gutem Essen, Sex und Drogen. Somit war Hubert unzurechnungsfähig, um nach stichhaltigen Argumenten zu fragen, wie zum Beispiel die wichtige Klärung der Inhaltsstoffe in besagter Luxuscreme. Auch konnte er nicht ahnen, dass diese so überdurchschnittlich langen, dichten und schwarzen Wimpern an dieser Verkäuferin gar nicht echt waren, sondern mit Klebstoff befestigte Kunststoffhaare in Größe XXL. Abgeschminkt und ohne Wimpernextension (Wimpernverlängerung) würde Hubert auf der Straße an Frau Kurz vorbeilaufen, da seine Amygdala – somit Belohnungssystem – beim Anblick derselben, aber nun an Make-up Verblassten, nicht besonders positiv aktiviert wäre.

Hubert war seit Langem nicht mehr so überaus aufmerksam behandelt worden. Dass Frau Kurz ihn auch noch um etliche Jahre jünger eingeschätzt hatte, tat ihm besonders gut. Beschwingt drückte er der Luxusverkäuferin seine Euroscheckkarte zum Abkassieren in die Hand. Sie zwinkerte ihm noch nett zu und bat um Eingabe der Pin-Nummer. Hubert setzte an – und merkte, wie er kurz innehielt: Der Preis für Creme und Mascara in Höhe von 348,97 Euro erschien ihm doch ein wenig hoch. Aber, wer hat, der hat, beruhigte sich Hubert. Außerdem würde Elsbeth Augen machen, wie großzügig und erfolgreich er beim Beauty-Shopping für seine Gattin gewesen war. Huberts Stimmung war auf dem Höhepunkt – schließlich hatte diese so überaus nette Verkäuferin ihm beim Abschied noch zugewunken. Er glitt in seinem Auto XXL mit lauterer Musik als sonst ins heimische Haus.

Beschwingt drückte er bei der Begrüßung Elsbeth einen feuchten Kuss auf – was sie regelrecht sprachlos machte, denn solche Gefühlsanwandlungen kamen bei Hubert höchst selten vor. Stolz präsentierte er Elsbeth die neue Errungenschaft und erzählte beiläufig von der sehr kompetenten Mitarbeiterin dieses Luxuskaufhauses. Wenn alle Mitarbeiter so fachkundig wären, würde das Einkaufen immer Freude bereiten, so Huberts Berichterstattung. Elsbeth war irritiert, so kannte sie ihren Gatten gar nicht. Auch ihre anfänglichen Einwände, sie nehme seit geraumer Zeit echte Biocremes und Bio-Mascara verliefen im Sand. Elsbeth wollte Huberts überdimensional guter Laune nicht im Wege stehen. Wenn es ihm so viel bedeutete, sie zu beschenken und er dabei noch solche Freude empfand, unterstützte sie seine Aktionen. Zumal, so gestand sich Elsbeth mit einer Träne ein, er so viel nur für sie investierte.

Er bestellte umgehend bei Toni für den Abend den besten Tisch zur italienischen Pasta. Das musste gefeiert werden! Elsbeth freute sich auf den anstehenden schönen gemeinsamen Abend. Allerdings war sie beim Auftragen der Luxuscreme aus dem optisch so gut aussehenden Töpfchen unschlüssig. Es roch zwar verführerisch gut, jedoch wusste Elsbeth aus früheren Erfahrungen heraus, dass dies niemals *natürliche* Duftstoffe waren, denn schließlich warfen Kosmetikfirmen keine echten ätherisch reinen Inhaltsstoffe in Cremes. Vorsichtig strich sie diese parfümierte Masse lediglich auf ihren Hals. Abwarten, dachte sich Elsbeth, wie die Haut reagieren würde. Auf die anderen Hautpartien trug sie ihre durch und durch naturbelassene Bio-Luxus-Creme DiVeDa (Manufakturcreme) auf. Ihre Haut sah und fühlte sich phantastisch gut an, seit sie solche hochwertigen Biostoffe für ihr Haut- und Porenbild verwendete.

Beim Mascara war Elsbeth unvorsichtiger. Zu gut sah dieser mit Swarowskisteinen gekrönte 75-Euro-Designer-Mascara aus. Elsbeth staunte. Ihre Wimpern bekamen optische Länge, wie sie es selten gesehen hatte. Der Mascara war wohl doch sein Geld wert, dachte sich Elsbeth. Sie spürte wie ihre gute Stimmung weiter anstieg und wählte mit Bedacht ihre Kleidung für den heutigen Abend aus. Der Hosenanzug war klassisch und sportlich perfekt gewählt, das Top außergewöhnlich provokant. Schließlich hatte Elsbeth ein sehr schönes Dekolleté. Die Haut war durch gute Pflege im besten Zustand.

Hubert war am heutigen Tage überaus charmant. Er hatte bereits zwei Gläser Champagner vorbereitet. Elsbeth kam aus dem Staunen nicht mehr heraus. Und Hubert ebenfalls nicht, als er Elsbeth erblickte. Er musste sich eingestehen, dass er eine überdurchschnittlich attraktive Frau hatte. Auch fiel ihm auf, dass seine Gattin – im Gegensatz zu vielen anderen Frauen in Elsbeths Alter oder auch jünger – noch eine besonders schöne Haut vorweisen konnte. Beschwingt griff er zum Glas und reichte es seiner Gattin, die wiederum – leicht beschwipst von der Stimmung – Hubert einen innigen Kuss gab.

Der Abend begann, wie beide es sich gewünscht hatten. Das Essen beim Italiener war köstlich, die Gespräche wie lange nicht mehr: intensiv mit Tiefgang und viel Humor. Allerdings nahm Hubert wahr, dass Elsbeth sich während des Gesprächs immer wieder am Hals kratzte. Sie schien dies bewusst noch gar nicht zu realisieren. Die Rötungen, welche sich in diesem Bereich zeigte, verhießen nichts Gutes. Nein, nicht heute, dachte sich Hubert und bestellte für beide ein köstliches Dessert mit passendem Aperitif. Sie nahmen sich vor, solche schönen Momente wieder viel öfter in ihr Leben zu integrieren.

Allerdings wurde der Juckreiz auf Elsbeths Halspartie so heftig, dass sie das Gefühl hatte, nicht mehr mit dem Kratzen aufhören zu können. Hubert nahm dies wahr und, entgegen seinem sonstigen Desinteresse nach 35 Ehejahren, sprach er sie daraufhin an. Sie analysierten beide, worin begründet sein konnte, dass die Haut dort derart unangenehme Reaktionen zeigte. Elsbeth gab offen zu, dass sie die von ihrem Gatten so liebevolle und nicht preiswerte Investition nur auf eben diese Halspartie aufgetragen hatte: genau da, wo sich seit geraumer Zeit der unerträgliche Juckreiz und die starke Rötung eingestellt hatten. Sie kamen beide zum Fazit, dass es sich bezüglich der kleinen Chemiebombe alias Luxuscreme wohl um eine Fehlinvestition handelte, wohingegen der Abend fraglos gelungen war.

Galant brachte Hubert seine Gattin nach Hause. So hatte Elsbeth die Möglichkeit, die geschundene Haut zu pflegen. Nachdem sie mit Wasser unter Hinzunahme von Bio-Apfelessig die Haut, besonders am Hals, von der tickenden Chemiebombe befreit hatte, stellte sich Besserung ein. Sie wusste aus ihren Hautbehandlungen, dass durch Hinzunahme einer kleinen Menge Apfelessig die Haut erst einmal leicht brennen und einröten kann, wofür das sich nach 20 Minuten einstellende schöne Hautgefühl hinreichend entschädigte – auch in diesem Fall. Elsbeth trug ihre BioDiVeda Propolis Manufakturcreme Deluxe auf. Es war beeindruckend, wie schnell sich die Haut regenerierte und sich rund herum wieder traumhaft anfühlte. Hubert hatte recht, als er kundtat, dass man fast zugucken könne, so schnell heilte die Hautstelle an Elsbeths Hals.

Sie setzten sich gemütlich vor den Kamin und schauten sich in aller Ruhe die Inhaltsstoffe an, welche sich in der sogenannten Luxuscreme befanden. Gar nicht so einfach, befanden beide, denn die Deklaration war dermaßen klein geschrieben, dass es Mühe bereitete, etwas zu entschlüsseln. Da beide immer noch von ihrer schönen Stimmung profitierten, blieben sie am Ball und entdeckten unzählige Stoffe, die in keine Creme und schon gar nicht auf die Haut gehörte. Selbst Parabene und Mineralöl waren enthalten. Beide Stoffe sind als gesundheitsschädlich eingestuft, was allgemein bekannt ist. Huberts Vorschlag, diese Creme nur noch für die Füße zu verwenden, verwarfen beide lachend. Wir wissen ja, dass alles, was wir uns auf die Fußsohle streichen, auch in den Körper gelangt. Denken Sie nur an die dort befindlichen Akupunkturpunkte, welche mit Organen des menschlichen Körpers verbunden sind.

Man sagt, wenn Fußsohlen mit Knoblauch eingestrichen werden, findet man diesen Geschmack nach ca. 30 Minuten auf der Zunge wieder.

Elsbeth und Hubert taten dies nicht. Sie hatten einen wunderschönen Abend zu zweit, mit Gesprächen samt Tiefgang und einem überdurchschnittlich guten Rotwein aus Huberts Weinsammlung. Seit Langem waren sie sich nicht mehr so nah gekommen.

Das Leben kann schön sein.

Allerdings nicht für die Luxuscreme. Die warfen beide, wo diese hingehörte: in den Mülleimer!

Mascara – Endlos lange Wimpern

Auf alles kann ich verzichten, nur nicht auf meinen Mascara. Habe ich recht oder recht? Denn Mascara zaubert in jedes Gesicht Ausdruck und Konturen. Beides benötigen wir, damit wir nicht optisch kränklich ausschauend durch die Welt schreiten. Selbst wenn helle oder rötliche Wimpern Trend wären, würde es an der Tatsache nichts ändern, dass nur schwarze Wimpern Augen optisch zum Strahlen bringen. Schreitet Frau oder Mann mit sehr hellen Wimpern durchs Leben, werden wir erkennen, das der Orbitalbereich (Augenbereich) müde erscheint. So wie die Farbe von Kleidung uns vom Teint her blass oder dunkler erscheinen lassen kann, trifft dies auch bei unserem Make-up zu. Selbst wenn Frau früh morgens nicht über viel Zeit verfügt, um ein schönes Tages-Make-up aufzutragen, kann hier das Auftragen der Wimperntusche wichtige Akzente setzen. Wasserfeste Wimperntusche hat den Vorteil der Haltbarkeit. Allerdings meist auf Kosten der Inhaltsstoffe.

Studie: Werbung – Ein fragliches Spiel mit unserem Reptiliengehirn

Der Werbespot verspricht uns Zuschauerinnen endlos lange Wimpern inklusive einem überwältigenden Volumen. Neue Wimpern sind Frau Müller, Meier und Schmidt wohl dank der besagten Mascara über Nacht gewachsen. Oder nicht? Oder niemals. Doch, sagt die Werbebranche. Besser gesagt, die Firmen, die die Werbung in Anspruch nehmen.

Jedoch geht dies nicht mit rechten Dingen zu, sondern es wird laut Advertisment Standard Authority (ASA) geschummelt, wie bei den künstlichen Wimpern beim Werbedreh 2005 mit Penélope Cruz. Die ASA rügte in den vergangenen Jahren eine Vielzahl von Mascara-Werbungen. Die von der Firma **L'Oréal** angepriesene Mascara soll angeblich wimpernverlängernd wirken. In Wirklichkeit handelte es sich um angeklebte, unechte Wimpern. Auch im Jahre 2007 wurde ein

Mascara-Werbespot der Kosmetikfirma Rimmel mit dem Model Kate Moss verboten. Die Firma Rimmel wies daraufhin, dass ohne den Einsatz von künstlichen Wimpern die echten trotz des Auftragens des sogenannten „Zaubermascaras" zu spärlich wirkten.

Wie in meinem ersten Buch *Leben, Schönheit und alles Cremige* bereits erklärt, sind in vielen Mascaras Stoffe eingearbeitet, die mehr als fragwürdig sind.

Hyaluron oder Botox

Botox steht für Botulinumtoxin. Toxin steht – das sagt uns bereits der gesunde Menschenverstand – für Gift. Das ist es auch – sogar eines der giftigsten. Kundinnen haben sich vertrauensvoll an mich gewendet, da Hautprobleme aufgetreten sind und sie den leisen Verdacht äußerten, ob dies im Zusammenhang mit der Unterspritzung von Botox zu tun haben könnte. Manch einer reicht das einmalige Kennenlernen des fragwürdigen Stoffes. Der oder die Andere lässt sich über Jahre Botox spritzen. Erst wenn nicht mehr zu übersehen ist, dass besonders an den Hautpartien, in denen Botoliniumtoxin verabreicht worden ist, das Haut- und insbesondere Porenbild sich stark verschlechtert hat, werden die meisten achtsamer hinsichtlich dessen, was auf Haut aufgetragen oder sogar eingespritzt wird. Wie in meinem ersten Buch *Leben, Schönheit und alles Cremige* an Hand von Studien und den erwähnten Äußerungen von Kundinnen erläutert, glichen sich die Erfahrungen der Kundinnen immer wieder.

Studien: Eine italienische Studie bestätigt, dass Botox nicht an der Stelle verbleibt, für die es gedacht war. An Hand einer Studie mit Ratten war zu belegen, dass nach einer Injektion mit besagtem Stoff dieser im gesamten Körper nachweisbar ist.

Meine persönliche Meinung aufgrund der langjährigen Erfahrungen in meiner Kosmetikpraxis ist, dass es nicht gut sein kann, wenn der Haut und damit dem Organismus Gift – in diesem Fall Botox – zugesetzt wird. Der menschliche Organismus ist weder von der sogenannten Schulmedizin noch von der Wissenschaft zu toppen oder eventuell auszutricksen. Giftiges möchte die menschliche Zelle herausspülen. Das trifft für Organe im Inneren des Menschen ebenso wie dem größten Entschlackungsorgan, der Haut, zu. Das alleine ist bereits ein Kraftakt.

Wir wissen heute, dass der Mensch und seine Gesundheit durch vieles gefährdet ist. Nicht selten, sondern sehr häufig bringen Nahrungsmittel, Kosmetika, Kleidung, Möbel und Umwelt Gesundheitsgefährdendes mit sich. Wer kennt es nicht, dass uns der Alltag oder manche Lebensphase zeitlich und nervlich an unsere Grenzen bringt, sodass wir keine Energie und Zeit aufbringen können, nachzufragen oder zu recherchieren, was wirklich in dem soeben gekauften Saft, Joghurt oder der verführerischen Schokolade drin ist.

Untersuchungen belegen, dass heutzutage manches Kind die Kuh auf der Weide ausschließlich in Lila malt. Wir müssen zugeben, dass manch ein Hersteller für Schokolade eine Werbestrategie beherrscht, die uns blind macht, zu hinterfragen, ob in der Farbe Lila tatsächlich Kakaobohnen enthalten sind – oder doch eher billiger Industriezucker. Außerdem muss die Zuckerindustrie nicht befürchten, dass Kinder den Unterschied zu echter Schokolade schmecken, wenn man ihnen stattdessen braun gefärbten Zucker in Form einer Schokolade verkauft. Auch wir Erwachsenen vermögen nicht den Unterschied zwischen echten Aromen und im Labor künstlich hergestellten erkennen, wenn unsere Geschmackssynapsen keine Gelegenheit bekommen, echte von unechten unterscheiden zu lernen.

Ich habe bei einem Sternekoch eine göttliche Speise gegessen. Selbst wenn ich Ihnen in den schillerndsten Beschreibungen ausmalen würde, wie traumhaft dieses Gericht geschmeckt hat, können Sie es doch nicht auf Ihrer Zunge schmecken. Ihnen bleibt lediglich der Versuch, es nachzuempfinden. Anders wäre es, wenn Sie die Möglichkeit bekämen, dieses köstliche Mahl selbst kosten zu dürfen. Dies ist vergleichbar mit dem, was Frau und Mann sich täglich auf Haut und Haare schmieren und sprühen. Wer noch nie eine ECHTE Manufaktur-Bio-Creme kennengelernt hat, kann den Unterschied zu den meist synthetisch präparierten „Cremes" nicht erkennen. Erst wenn das Hautbild – trotz jahrelanger Investitionen in wunderschön aussehende Dosen und Flacons – den ersten Hilfeschrei an Sie aussendet, werden Sie achtsam.

Fallbeispiel aus der Praxis: Katrin, Heinz und Bernhard und 7 Flaschen Bier

Wenn Kundin Katrin ihren Gatten Heinz über Nacht verlassen hat, um nun mit dem überaus liebenswerten Bernhard „durchzubrennen", stellt sich Heinz nach sieben Flaschen Bier und acht Schnäpsen die Frage, ob dies auch was mit ihm zu tun haben könne. Hat es! Seit Jahren hatte Katrin so gut wie gar keine liebevollen Komplimente mehr von Heinz gehört. Auch die Blumensträuße sind in den letzten 15 Jahren nicht schöner, sondern selten und überschaubar hässlich geworden. Dafür hatte er nicht gespart an seiner überteuerten Dauerkarte für die Fußball Bundesliga. Und fast jedes Wochenende saß Katrin allein in ihrer Stube, da er mit den nicht mehr ganz taufrischen Männern *seinem* – wie er sagte – Verein die Daumen drücken müsse. Dass Katrin dafür mit vielen Stunden fehlenden Zweisamkeit zurechtkommen musste, interessierte Heinz wenig.

„Nicht mehr schlimm", schrieb ihm Katrin per kurzer SMS-Nachricht, während sie gleichzeitig von Bernhard ausgeführt wird und die beiden gemeinsam einen traumhaften Shoppingtag samt überraschenden Geschenken und einem exzellenten Essen beim Sternekoch erlebten. Dies war mit ihrem Exgatten Heinz jahrelang undenkbar gewesen – wie vieles andere auch. Aus Gram stellten sich bei Katrin frühzeitig tiefe Falten und andere Hautprobleme ein. Als dann ihre Haut auch noch mit Neurodermitis reagierte, erkannte sie, dass sie etwas verändern musste. Sie verstand, dass Haut Spiegel der Seele ist, und ging mit ihrer Gesundheit und Haut neue, bewusste Wege. Aufgrund von Empfehlungen von Kundinnen meiner Bio-Kosmetik-Praxis – in der ausschließlich mit Bioprodukten aus der Crememanufaktur gearbeitet wird – bat Sie um einen Termin. Hier konnte sie sich auf den Weg machen, mit ihrer geschundenen Haut zu arbeiten und wirkungsvolle Pflegeprogramme zu integrieren.

Katrins Hautbild verbesserte sich – wie nicht anders zu erwarten – immens schnell. Das unerträgliche Jucken auf den Neurodermitisbereichen wich samt Rötungen und Überkeratinierung (Verhornung) einem feinen, schönen Poren- und Hautbild. Sie entdeckte, dass sie selbst viel für ihre Haut und ihre Seele tun konnte. Das stärkte ihr Inneres, sodass sie zeitnah auch ihre Ernährung bewusster anging.

Heinz, ihr damaliger Gatte, hielt zwar dagegen, da preiswert und billig weiter für beide reichen sollte – obwohl sie weder am Hungertuch nagten noch unter finanzieller Not litten. Trotzdem sollte am Essen gespart werden: gern in Folie abgepackt und rotes Etikett bitt' schön. Selbstverständlich ohne nachzufragen, wo es herkommt. Ihr Gatte investierte, wie bereits erwähnt, eher in die nicht gerade preiswerte Bundesliga-VIP-Karte, Zigaretten und Alkohol, und nicht zu vergessen in die spezielle Autopolitur für schlappe 110 €.

Katrin jedoch ließ sich jedoch weder beirren noch von ihrem Weg abbringen: Salat statt Dose, qualitativ gutes Biofleisch samt Bioobst statt abgepacktem Billigfleisch, dazu authentische Getränke wie Quellwasser und Obstsäfte. Sie liebte Rotwein, so viel war klar, sodass Katrin bald auf den Bio-Winzer Bernhard Leve stieß. Beide waren nicht nur bei dem Beratungsgespräch geschmacksmäßig auf einer Wellenlänge, sondern waren sich von Anfang an auch überdurchschnittlich sympathisch. Herr Leve war sowas von charmant und respektvoll – ohne aufdringlich zu sein –, dass Katrin tagelang Probleme hatte zu erfassen, dass es noch Männer gab, die nicht so waren wie ihr Gatte Heinz. Beschwingt stand sie nach schönen Träumen auf und nahm sich der Pflege ihrer Haut mit BioDiVeda (Crememanufaktur) an. Das blieb auch nicht ihrer

Umgebung verborgen. Sie wurde nach Jahren schwerer Hautprobleme auf ihre jetzt so schöne und gesunde Haut angesprochen. Katrin war endlich bei sich und ihrem gewünschten Hautzustand angekommen. Und dazu noch in einer neuen und intensiv schönen Partnerschaft.

„Das Leben kann schön sein. Allerdings muss jeder selbst ins Handeln kommen," sagt Oma immer. Auch wenn sie selbst weiß, dass es nicht immer im Leben oder in bestimmten Phasen leicht ist, für sich etwas zu tun. Recht hat sie.

Qualität zahlt sich immer aus. Da sind sich die meisten einig. Wie bei unseren Lebensmitteln Frische und Herkunft entscheiden, ob uns das köstliche Mahl die Sinne raubt und den Körper stärkt. Wir ernähren unsere Haut von innen und von außen. Warum sollten wir ihr Chemie zuführen bzw. auftragen?

Seien Sie achtsam mit Ihrer unersetzbaren Haut. Sie haben nur eine. Sie haben sehr wohl die Wahl.

WIE cremen wir richtig?

Keiner benötigt unzählige Tiegel und Dosen in seinem heimischen Bad. Sparen Sie den Rest des Geldes eher für ein gutes Essen zu zweit mit Ihrem Gatten, Lover oder Expartner – oder wem auch immer. Sie dürfen hunderte von Tiegeln im Badeschränkchen aufbewahren, allerdings nur, wenn Sie Sammlerin sind, welche diesem Hobby frönt. Haut benötigt eine überschaubare Anzahl von Substanzen, um gesund und schön auszusehen – auch gern bis ins hohe Alter. Zellen wollen sich nähren, genauso wie Ihr Magen. Führen Sie Letzterem verträglich Gesundes zu, spüren sie Energie. Führen sie Ihrer Haut eine ECHTE Bio-Creme zu, mit reinsten Biosubstanzen und Wirkstoffen wie in unserer BioDiVeda Anti-Age (Hyaluroncreme), werden sich die Zellmembranen in ihrer Funktion bestärkt fühlen. Zellwände werden somit stabil aufgebaut.

Die Zellmembran dient zum Schutz der Zelle und kontrolliert die Aufnahme und Abgabe von verschiedensten Stoffen, d.h., sie muss sich immer auf den sich ändernden Zustrom von Nährstoffen und Wasser einstellen, damit die Zelle optimal versorgt ist. Zudem ist sie elastisch verformbar; also sind alle Bestandteile der Zelle frei beweglich und können sich gegeneinander verschieben. Außerdem ist die Membran selektiv permeabel und somit nur für bestimmte Stoffe durchlässig. Grundlegende Mechanismen sind Osmose und Diffusion, wodurch der Transport erst möglich wird.

Gönnen Sie sich eine echte Biocreme

Kaufen Sie sich eine echte Bio-Hautcreme. Diese sollte frei von Mineralölen, Parabenen, Formaldehydspaltern, synthetischen Duftstoffen usw. sein, um nur einige wichtige Punkte zu benennen.

Echte Cremes vertragen nicht, dass man sie wie synthetische Cremes behandelt. Letztere sind u. a. voller künstlicher Konservierungsstoffe, damit diese hält – so lang wie die große Liebe. Sie wissen ja, was mit Letzterer meistens passiert. Entgegen der angeblich großen Liebe hält die durch und durch chemisch vollgestopfte Kunstcreme jahrelang. Sie dürfen gern mit dem beschmutzten oder mikrobiologisch kontaminierten Finger hineinfahren. Dann schließen sie das Döschen und lassen es zwei, vier Wochen oder gar sechs Monate, gern auch ein ganzen Jahr, stehen. Was passiert?

Richtig: NICHTS!

Ist das nicht bewundernswert? Oder doch eher grauenvoll? – das ist hier die Frage. Wir können mit einem beschmutzten Finger in die strahlend weiße Creme fahren, und trotzdem bleibt diese in ihrer Substanz weiß und unbefleckt. Chemie ist manchmal wirklich Zauberei – oder auch nicht. Oma sagte immer: „Dumme leben leichter." Recht hat sie.

Anmerkung: Frauen haben recht, wenn sie mir mitteilen, dass es äußerst schwierig ist, „draußen" an eine echte Bio-Hautcreme zu kommen. Das stimmt. Allerdings ist es nicht aufzuhalten, dass der Mensch nicht nur bei seiner Nahrung bewusster wird, auch beim Thema Haut gehen immer mehr Menschen achtsamere Wege. Frau von heute ist sich bewusst, dass das, was sie sich auf ihre unersetzliche Haut schmiert, nicht nur auf diese wirkt, sondern Konsequenzen für den gesamten Organismus hat. Dies ist sehr beeindruckend. Der menschliche Organismus ist nicht zu überlisten, mag die in Großlaboren noch so ausgetüftelte Chemie für Körper und Haut identisch sein mit der körperlichen Zelle. Manch einer mag nicht an den lieben Gott oder was auch immer glauben. Aber da sind sich die meisten einig, an die Schöpfung schon. Diese irrt sich nicht. Genauso wenig wie unsere Haut. Führt man ihr unbewusst oder bewusst chemisch aufgepimte Cremes zu, kippt ihr Zustand zeitversetzt, und erste Probleme treten auf: Hautjucken und Rötungen verbunden mit der Ansammlung von Pickeln, verschuppte Haut, Neurodermitis und Co. bis hin zu tieferen Falten und ein schlechtes Hautbild lassen sich nicht mehr übersehen. Beim dem Einen früher, beim Anderen später. Aber glauben Sie mir, Oma hat recht, wenn sie sagt: „Die Rechnung kommt immer zum Schluss. Für jeden!"

Was sind die entscheidenden Vorteile von echten Bio-Cremes bzw. Manufakturcremes?

1. Bio-Manufakturcremes sind höchster **Qualität** verpflichtet. Denn es wird nicht auf Masse, sondern auf Klasse gearbeitet und hergestellt. Hochwertigste Bio-Hautöle, die entsprechend der Anwendung in Cremes Heilungsprozesse in Gang setzen, werden der Creme beigefügt.

Ein Beispiel: JojobaÖl. Dieses Öl wird auch *Gold für die Haut* genannt. Nicht nur der Farbe wegen, sondern weil die in ihm befindlichen, natürlichen Lipide den hauteigenen Fetten ähneln. Stoffe, die hauteigen oder hautidentisch sind, werden in der Regel viel besser und leichter von der Haut aufgenommen und verarbeitet. Das Öl reguliert den Feuchtigkeitsgehalt der Haut und festigt das Bindegewebe. Hinzu kommt seine große Regenerationsfähigkeit, sodass es bei Hauterkrankungen wie Schuppenflechte (Psoriasis), Ekzemen, Akne und fettiger Haut eingesetzt werden sollte. Meist wird an solchen kostbaren Substanzen in herkömmlichen synthetischen Cremes gespart, da Jojobaöl zu den kostenintensivsten zählt. Jojobaöl zählt zu der Gruppe der Wachse, da es sich unter 10 °C zu Wachs verfestigt.

2. **Bio-Wirkstoffe**, die elementar wichtig für den Erhalt von wunderschöner Haut sind, wie Squalan (aus der Olive, wirkt zellerneuernd) sowie Urea.

3. **Zusatzstoffe**, die effektiv den Alterungsprozess der Hautzellen aufhalten wie zum Beispiel Hyaluron. Dieser Stoff ist sehr kostenintensiv. Daher können Sie davon ausgehen, dass es sehr schwer ist, eine echte Hyaluroncreme zu finden.

4. **Herstellung**: Wir können es auf den Punkt bringen: Dass Mahlzeiten in einer Großküche niemals so bekömmlich und hochwertig sein können wie in einer überschaubaren, ist nachvollziehbar. Genauso verhält es sich bei industriell gefertigter Creme im Gegensatz zu der in einer Manufaktur hergestellten Bio-Creme. Zeit und Muße sowie größte Sorgfalt erzielen ein bestes Resultat. Die dabei schonend verarbeiteten Biosubstanzen finden auf der Haut der Endverbraucherin / des Endverbrauchers sofort instinktiv Zustimmung. Der Körper zeigt unverzüglich an, dass hier der Haut hochwertigste Substanzen zugeführt werden, was sich unter anderem sehr schnell in einem überdurchschnittlich schönen Hautgefühl widerspiegelt.

Wer zum Beispiel jahrelang mit einer sehr trockenen bis ausgedörrten Haut zu tun hatte, wird spüren und sehen können, wie sich selbst solche Probleme stark verringern oder sogar verschwinden.

    5. **Hygiene**: Nachvollziehbar hat eine Manufaktur ganz andere Möglichkeiten, größte Hygiene einzuhalten. Weder große Lagerhallen, in denen riesige Bottiche stehen, in denen dann Substanzen zur Herstellung von Cremes, Shampoos, Seifen, etc. stehen, sind in einer Manufaktur zu finden, noch ist das Problem gegeben, riesige Räume bzw. Hallen hygienisch einwandfrei zu halten. Wie soll das auch funktionieren, wenn Herstellungsbottiche so groß sind, dass ein Mensch sie schlecht mit den Händen reinigen kann? Keine Laufbänder, auf denen emotionslos tausende Pötte abgefüllt werden und die Luft sicherlich nicht keimfrei ist. Wir benutzen in unserer kleinen und sehr schönen Manufaktur ein spezielles Gerät, was ausschließlich für die Luftreinigung zuständig ist. Zudem pegelt es den Luftfeuchtigkeitsgehalt auf den richtigen Wert.

Wer glaubt, dass dies alles selbstverständlich sei bei der Herstellung von Kosmetika, der irrt. Aber wir dürfen glauben, was wir wollen. Solange es der Gesundheit nicht schadet, dürfen wir uns in die eigene Tasche lügen. Manchmal federn Illusionen die nicht immer leicht zu verdauende Wahrheit ab. Dass Konzerne heute ausschließlich auf Gewinnmaximierung aus sind, auch wenn es um die Gesundheit des Menschen geht, kann und muss einen traurig stimmen. So dürften Krankenhäuser nicht auf Gewinnmaximierung ausgerichtet sein, sondern die Gesundheitsförderung müsste vom Staat und den Kassen finanziert werden.

Die Lebensmittelindustrie könnte sehr wohl für uns Verbraugestellten Lebensmitteln anbringen. Kosmetika könnten so ausgerichtet sein, dass die INCI (Inhaltsstoffangabe) ab sofort die fiesen versteckten synthetischen und chemischen Zusätze der Creme kenntlich machen. So könnten die Verbraucherin und der Verbraucher selbst entscheiden, ob sie/er sich tatsächlich Mineralöl (Abfallprodukt des Erdöls), Formaldehydspalter, Aluminium, giftige Duftstoffe (um nur einige zu benennen) auf ihre und seine unersetzbare Haut auftragen möchte. Und das täglich, monatlich und über Jahre ...

Wir wissen, dass jeder Organismus irgendwann einmal streikt, wenn er all die Chemie nicht mehr verarbeiten kann. Die entscheidende Frage ist doch, wie lange es beim Einzelnen gutgeht ...

Haut, Hygiene und Creme

Unterstützen Sie Ihre Haut und Ihr Immunsystem mit Hilfe der Hygiene! Das mag sich erst einmal befremdlich anhören, denn bekanntlich reinigt Dreck ja den Magen. Oder auch nicht. Außerdem: warum und weshalb? Wenn ein Kind den verlorengegangenen Lutscher vom sandigen Boden aufnimmt und geradewegs in den Mund zurückführt, können wir uns ein Schmunzeln kaum verkneifen, weil die Kleinen mit dem Thema „Schmutz" so unbedarft umgehen. Es ist aber nachvollziehbar, da sie derartige Thematiken noch nicht überschauen können. Der Erwachsene ist gefordert, bei möglichen Gefahren für die Gesundheit des Kindes einzugreifen. Dies leuchtet ein.

Anders wenn Erwachsene betroffen sind: Wir fragen uns selten, wie unsere Hautcreme Monate und Jahre halten kann, obwohl wir des Öfteren mit dem nicht immer keimfreien Finger hineingreifen. Der Laie lebt eventuell ruhiger, da er werbestrategisch in Unkenntnis gelassen wird, dass die meisten Cremes mikrobiologisch nicht mehr keimfrei sein können. Beim täglichen Eintauchen des Fingers in die strahlend weiße Creme, um die benötigte Menge herauszuholen, bleibt so einiges zurück. Wir lieben Wahrheit, so viel steht fest. Aber bitte schön nicht jeden Tag, das kann kein Mensch ertragen. Somit bleibt auch unserem Auge verborgen, was sich mit der Zeit in den meisten Cremetöpfchen so abspielt. Damit dies so bleibt, machen sich Großkonzerne die Chemie zunutze. Diese gewährleistet die Beimischung von Konservierungsstoffen der im Handel erhältlichen Lotionen, Shampoos und Cremes. So bleiben Bakterien, Viren und Co. optisch unauffindbar. Mikrobiologisch aber keineswegs. Verführerisch wären sichtbare Pilzspuren in unserer so weißen sowie für Jahre haltbar gemachten Creme nicht. Das weiß die Kosmetikindustrie natürlich.

*Imidazolidinyl Urea und DMDM Hydantoin sind Formaldehydabspalter, die als Konservierungs-stoffe in Pflegemitteln für Haut und Haar Verwendung finden. Es ist bekannt, dass sie Allergien, Asthma, Brustschmerzen, chronische Müdigkeit, Depressionen, Schwindel, Kopfschmerzen und Gelenkschmerzen verursachen können. Formaldehyd selbst, ebenfalls ein Konservierungsstoff und Desinfektionsmittel, wird Shampoos, Nagellack, Nagelhärtern und Haarwuchsmitteln zugesetzt. Es wird von der IARC als karzinogen und von der amerikanischen EPA als „wahrscheinlich" krebserregend eingestuft. Oft wird die Beigabe verschleiert, da es als Bestandteil eines umfassenderen Inhaltsstoffgemischs getarnt daherkommt. Um es zu finden, muss man nach Inhaltsstoffen wie Hydantoin oder Tensiden wie Natriumlaurylsulfat (SLS), das Formaldehyd enthalten kann, Ausschau halten. Es hilft auch zu wissen, dass es häufig unter dem Namen Formalin oder MNM verzeichnet ist.

Einige Chemiker oder mutige Mediziner bestätigen, dass wir diese fragwürdigen Konservierer, wie PEG, Formaldehyd, Parabene, künstliche Duftstoffe und Co. im Gewebe von Körperorganen wie Leber und Niere wiederfinden. Wissenschaftliche Studien belegen dies. Alles, was wir uns auf die kostbare und unersetzbare Haut auftragen, zieht in diese ein. Es fragt sich die kluge Frau, wo diese Stoffe letztlich landen.

Die individuelle Bio-Hautcreme

Ist die in Ihrem Badezimmer befindliche Hautcreme etwas ganz Besonderes? Stellt sich diese auf den epochal unterschiedlichen Hautzustand ein? Oder tut Ihre Creme dies nicht? Und was heißt individueller Hautzustand? Haut unterliegt epochalen Bedürfnissen, z. B. durch Witterung/Jahreszeiten wie warm und kalt oder durch Stress, Krankheit usw. In meiner Praxis bestätigen mir meine Kund(inn)en täglich, dass Haut das individuelle Bedürfnis anzeigt, das speziell darauf hinweist, ob Hautmoleküle zeitlich mehr oder weniger Cremesubstanz benötigen. Wenn Sie im Besitz einer echten Bio-Creme sind, wird sich Ihre Haut nie wieder in einen extrem trockenen oder gar verschuppten Zustand verwandeln. Wenn Sie trotz Verwendung von Pflegemitteln hin und wieder unter trockener oder gar überkeratinisierter (verschuppter) Haut leiden, sollten Sie einen Blick auf die Inhaltsstoffangabe (INCI) des Cremetiegels wagen. Ich teile Ihre Meinung, dass vieles davon kaum zu entziffern oder gar zu verstehen ist. Warum die Kosmetikindustrie dies wohl so handhabt!? Erinnert uns doch stark an Themen aus der Lebensmittelindustrie. Wir Verbraucher wünschen uns, klar und deutlich erkennen zu können, was in einem Lebensmittel tatsächlich enthalten ist. Die Big Bosse der Großkonzerne scheinen daran indes nicht interessiert zu sein. Allein dies sollte Ihnen zu denken geben. Obwohl meine werte Oma sagt: „Dumme leben leichter!" Recht hat sie. Allerdings ändert diese Erkenntnis nichts an einem ungesunden und nicht zufriedenstellenden Hautzustand. So viel steht fest. Jeder, der mit einer echten Bio-Creme arbeitet, kennt die Erfahrung, dass Haut genauestens anzeigt, was und wie viel sie braucht. Beginnt das authentische Pflegeprogramm mit einer echten reinen Hautcreme, benötigt Haut in der Regel 10 bis 20 Tage, bis sie sich reguliert hat. Am Anfang wird sie nämlich mehr von den guten und für sie überlebenswichtigen Pflegestoffen einfordern. Das ist auch gut so. Haben sich die Zellmembrane wieder ausreichend versorgt, benötigt man lediglich eine überschaubare Menge bei der täglichen Anwendung von echten Bio-Cremes wie **BioDiVeda – einzigartig**.

Wie sollten Sie auch erahnen können, dass kaum ein Big Boss der Kosmetikindustrie am gesunden Hautzustand von Frau Lehmann, Müller, Schmidt, Meier sowie auch Ihnen interessiert sein kann. In den überdimensional großen Behältnissen der nicht gerade gemütlichen Industriehallen sind weder Handarbeit noch Liebe beim „Anrühren" von Hautcreme – auch Ihrer – gefragt, sondern der Konzern ist natürlich primär an betriebswirtschaftlichen Zahlen, sprich Gewinn, interessiert. Außerdem, wo kämen wir denn da hin, wenn die Mehrheit von Frau und Mann eine durch und durch echte Bio-Hautcreme auf die unersetzbare Haut auftragen würde? Die Pharmaindustrie interessiert nachweislich nur die Gewinnmaximierung in Form von Profit. Dass Hauterkrankungen wie Neurodermitis, Akne und Co. bei Frau wie Mann, Kind und Jugendlichem stetig zunimmt, ist hinlänglich bekannt. Darüber freuen sich nicht die Betroffenen, aber die Kosmetik- und Pharmaindustrie. Die Rangfolge ist hierbei wohl egal, weil beide voneinander profitieren. Es hat sich ja wohl herumgesprochen, dass die Geheimratsecken bei Jugendlichen immer früher einsetzen. Woher dies wohl kommt?! Nicht Wenige erklären: von der vielen Chemie in Haargel und -wachs. Nicht zu vergessen die Shampoos, welche vor lauter Tensiden und Laugen so schön werbemäßig schäumen, dass wir uns nach dem Dusch- oder Wannenbad die Bio-Reinigungsmittel zum Säubern der geliebten Wanne sparen können, da der Rest der Seifenlauge ausreicht, die Fette aus Waschbecken und Wannenränder zu entfernen. Vorausgesetzt, wir haben Lust auf Putzen. Wir möchten belogen werden, weil die Wahrheit nicht zu ertragen ist. Wer kennt es nicht, dass wir Dinge kaufen, ohne nach dem tatsächlichen Inhalt gefragt zu haben. Dies tut nur Edward gegenüber seiner Bella aus der Twilight-Saga. Beide haben dank Theaterschminke und perfekt belichteter Filmszene meist eine wunderschöne, reine Haut vorzuweisen. Edward kann sogar mit Glitter dienen, was ansonsten den Mädels vorbehalten ist. Ich gehe stark davon aus, dass Bella und Edward daran interessiert sind, nach dem Dreh möglichst schnell ihre kostbare Haut von der Make-up-Paste zu befreien, damit diese endlich atmen kann und lange feinporig, straff und gesund bleibt – für eine lange Schauspielkarriere. Denn schließlich ist für Künstler das Hautbild ein wichtiger Aspekt. Gutes Aussehen ist deren Kapital.

Und wie sieht es allabendlich beim Abreinigen Ihrer kostbaren Haut aus? Was ist an Stoffen enthalten, beispielsweise in der günstig oder teuer bezahlten Reinigungsmilch? „Wisch ich eh mit Wasser ab!" Wenn Sie sich da mal nicht täuschen. Der Vergleich mit Rasierschaum für Männer ist berechtigt. Wenn Männer wüssten, dass Haut per Wasser in Verbindung mit Rasierschaum für all die darin versteckten Stoffe wie PEG, Formaldehyd, Aluminium und Co. noch anfälliger wird, würden die harten Kerle bessere und gesündere Wege gehen. Für Männer zählen Fakten. Für uns Frauen vorrangig die Optik des Töpfchens. Oder nicht? Wenn die teure Handtasche doch nicht aus Leder, sondern lediglich aus Plaste und Elaste ist, aber immerhin ein großes sichtbares Label trägt, verdrehen Männer zu Recht die Augen. Porsche, Ferrari und Co. haben per Luxusausstattung wenigstens echtes Leder bei der Innenausstattung vorzuweisen. Ja, da können wir Frauen noch etwas lernen. Allerdings fragen sich immer mehr Frauen, was wirklich in der täglich benutzten Hautcreme enthalten ist. Mann indes verwendet strahlend weiße Creme aus blauer Blechdose. Auf die Fragen der Gattin „Warum?" und „Was ist drin?", weiß er nur eine Antwort: „Weil das schon immer so war." Oder er greift in das Cremetöpfchen der Gattin, ohne Sie gefragt zu haben, ob es ihr recht ist. Nur der unübersehbare Finderabdruck in der Cremekonsistenz weist darauf hin, dass Mann glaubt, viel hilft viel. Er denkt halt praktisch. Frau jedoch ist berechtigterweise pikiert. Hatte sie ihn doch darauf hingewiesen, wenn er die echte Bio-Creme BioDiVeda benutzen sollte, bitte ein Wattestäbchen oder das Spätelchen zu benutzen. Die Erklärung, dass Finger meist doch nicht so sauber sind, wie wir uns dies gern einreden, ignoriert der Gatte. Auch dass authentische Bio-Cremes keine oder kaum Chemie enthalten und somit viel empfindlicher für Keime sind, dringt nicht zu ihm durch. Aber er weist zumindest darauf hin, ihm das nächste Mal bitte auch diese Bio-Creme mitzubringen. Irgendwie spürt er, dass sie seiner Haut guttut. Sie lächelt und schweigt. Gern bringt sie ihm das begehrte BioDiVeda Cremetöpfchen für seine tägliche Hautpflege mit. Schließlich ist sie auch daran interessiert, dass seine Haut gut und gesund ausgestattet ist. Und so lange er noch einigermaßen spurt, ist die Gattin zufrieden. Sie freut sich, weil ihr Eindruck bestätigt wird, dass sich ihr Hautbild seit der Behandlung mit Bio-DiVeda Manufakturcremes immens verbessert und stabilisiert hat. Auch hormonelle Phasen verkraftet dieses leichter. Eventuell damit einhergehende Entzündungen in Form von Pickeln oder Rötungen klingen wesentlich schneller ab oder treten so gut wie gar nicht mehr auf.

Tipp: Leiden Sie verstärkt unter Herpesbläschen, kann ich Ihnen unsere Bio-Propoliscreme ans Herz legen. Kundinnen, die trotz des Ausprobierens nicht gerade preiswerter kleiner Cremetübchen verstärkt unter Herpes gelitten haben, erleben durch die Bio-Propoliscreme eine überraschend schnelle Heilung der Entzündungsherde. Teilweise treten Herpesbläschen nur noch schwach auf der Hautoberfläche oder gar nicht mehr auf. Starke Verkrustungen sowie unangenehme Spannungsgefühle bleiben aus. Etliche Kundinnen verwenden die Bio-Propoliscreme - durch Auftragen auf das Zahnfleisch - erfolgreich gegen Zahnfleischentzündungen.

Ein guter Rat:

Wer im Alltag Stress und nicht immer unbedingt gesunder Kost ausgesetzt ist, hat die Möglichkeit, es mit dem größten Aufnahme- und Entschlackungsorgan, der Haut, besser zu machen. Auf diesem Weg können wir Sie begleiten. Unsere BioDiVeda sorgt für die Basis, es zu einem gesunden und schönen Hautbild zu bringen. Die enthaltenen einzigartigen Bio-Pflegestoffe und deren Reinheit sowie die außergewöhnlich schonende Verarbeitung und Herstellung in der Creme-

Manufaktur bringt es mit sich, dass Heilung für Ihre Haut gewährleistet ist. Darauf können Sie wetten. Meinetwegen um einen köstlichen Champagner oder eine Bio-Schokoladenpraline. Gern auch beides ...

Das Schnieferlebnis an der Theke

Es mag auf den ersten Blick nicht gleich erkennbar sein, weshalb ich Ihnen Achtsamkeit wünsche, wenn Sie an der Ärzte-, Fleisch- oder Bäckertheke stehen. Denn dort treffen Käufer auf einen wichtigen Hygieneaspekt. Viele Menschen lieben frisches Brot vom Bäcker und Biowurst aus dem Fleischereifachgeschäft. Es gibt vorbildliche Betriebe, die der Verantwortung in puncto Handhygiene in vorbildlicher Weise nachkommen. Aber nicht alle verfahren bei diesem Thema im besten Gesundheitsinteresse des Kunden. Wollen wir tatsächlich wissen, was mikrobiologisch kontaminiert an den Händen mancher Verkäuferin klebt, wenn diese die von uns gewünschten Wurstwaren mit blanken Fingern zum Verkauf vorbereitet, schniefend und prustend zusätzlich die Kasse bedient sowie – für uns nicht zu übersehen – dabei mit ihrem Handrücken den Schnodder von der Nasenspitze wischt? Weg ist weg! Oder etwa nicht? Wir haben kein gutes Gefühl dabei, greifen aber dennoch nach dem nun fertig verpackten Wurstpaket und bedanken uns höflich. Zu Hause angekommen, spüren wir, wie es uns nicht gelingt, den aufkommenden Ekel bei der Erinnerung an die »Schnodderwegwischszene« zu verdrängen. Da hilft auch nicht der Satz des Gatten: »Was uns nicht umbringt, macht uns stark«. Männer haben bekanntlich einen speziellen Humor. Vielleicht sind sie dadurch im Leben gegen manchen Stress besser gewappnet. Dagegen gelingt es ihr nachts nicht, diese Szene im notwendigen Schlaf zu verarbeiten. Immer wieder wacht sie auf und stellt sich dabei die Frage, ob die am Abend verzehrte Wurstscheibe daran schuld sein könnte, dass ihr so flau im Magen ist. Oder erzeugen die

Gedanken an die definitiv nicht keimfreien Hände der Thekenverkäuferin ein mulmiges Bauchgefühl? Der in ihr hochsteigende Ärger verstärkt sich beim Geräusch des tief schlafenden und laut schnarchenden Gatten zusätzlich. Er geht wahrlich seinem notwendigen Schlaf nach. Sie erkennt, dass es nicht an der mikrobiologisch kontaminierten Wurstscheibe liegen kann. Schließlich hat ihr Gatte reichlich von der »verschnieften« Wurstware gegessen. Hat dies Einfluss auf seinen Schlaf? – Nein! Sie indessen quält sich bis früh um 4.00 Uhr. Endlich schläft sie tief und fest. Wursttheke und keimbehaftete Hände samt Schnodder treten in den Hintergrund. Stattdessen träumt sie von einem herrlichen Urlaub. Selten hat sie sich so entspannt und gut gefühlt. Plötzlich schrillt der Wecker, dass es ihr einen wahrhaftigen Schlag versetzt. »Das kann nicht sein«, denkt sie noch. Die Nacht hatte doch gerade erst begonnen. Sie quält sich aus dem Bett. Der Gatte kommt bereits gut gelaunt und fröhlich pfeifend aus dem Badezimmer. »Na, Schatz, gut geschlafen?«

Alle lieben Geld!

Trotzdem sind Geldscheine mit einer Unzahl an Viren und Bakterien behaftet. Forscher der Universitätsklinik Genf bestätigen, dass die gefährlichen Influenza-Viren auf Banknoten wiederzufinden sind. Diese überleben bis zu 17 Tage. Treffen Influenza-Viren allerdings auf Fleisch (Proteine) und Feuchtigkeit, sind diese der Nährboden für Keime und deren Vermehrung. Deshalb ist es angebracht und ratsam, dass beim Einkauf Ihrer Lebensmittel wie Back- und Fleischwaren seitens des Verkaufspersonals mit sauberen Handschuhen gearbeitet wird. Sie indes werden des Öfteren zu hören bekommen, dass Handschuhe auch nicht keimfrei seien. Das stimmt. Allerdings ist beim Verkauf an Theken das Tragen von Einmalhandschuhen immer noch die hygienischste Alternative – statt Brot und Brötchen oder Fleischwaren mit den bloßen

Händen anzufassen. Bitte beachten Sie: Keime werden vornehmlich mittels der Hände übertragen, im Krankenhaus sogar zu etwa 90 Prozent. Bakterien und Viren finden sich auf vielen Gegenständen, die wir im Alltag anfassen: auf dem Einkaufswagen, dem Smartphone oder in der U-Bahn. Die Hände brauchen wir auch zum Naseputzen und zur Begrüßung. Eventuell wäre hier die umgekehrte Reihenfolge ratsamer. Wir neigen aber abgesehen davon sowieso dazu, uns dauernd ins Gesicht zu fassen.

Dies erleichtert es Keimen, über die Augen oder Schleimhäute in den Körper einzudringen. Müssen wir daher regelmäßig die Hände desinfizieren? Wie oft sollte man sein Smartphone oder die Fernbedienung reinigen? Die wichtigsten Fragen rund um saubere Hände hat Dr. Christine Reichardt beantwortet. Sie ist Fachärztin am Institut für Hygiene und Umweltmedizin der Berliner Charité und wissenschaftliche Mitarbeiterin der »Aktion Saubere Hände«.

Dr. Reichardt: „Eigentlich lernen wir bereits im Kindesalter, wann wir uns die Hände waschen sollten: Immer wenn sie sichtbar verschmutzt sind natürlich, aber auch wenn sie mit relevanten Keimen verunreinigt sein könnten: etwa nach dem Toilettengang, nach Umgang mit rohem Fleisch oder Fisch, nach Arbeiten im Freien und mit Erde sowie vor dem Essen. Auch nach dem Niesen und Husten sowie Ausschnauben ist das Händewaschen sinnvoll. Die Hände müssen dabei mindestens 30 Sekunden mit lauwarmen Wasser abgespült werden."

Haben Sie schon einmal beobachten können, dass Verkaufspersonal diese hygienische Vorsichtsmaßnahme vor Ihren Augen durchgeführt hat? Der Arbeitsalltag und Zeitdruck in großen Lebensmitteldiscountern bringt diesen Hygieneschutz meist nicht mit sich. Der Organismus hat alltäglich bereits viel zu verarbeiten. Da ist es ratsam diesen zu unterstützen. Hygiene ist dabei eine wichtige und sinnvolle Prophylaxe. Sie sollten es sich wert sein. Aber wir wissen ja, der Mensch wird für seine Belange, wie Gesundheit, meist erst dann wachsam, wenn der Körper eindeutige negative Signale setzt. Dabei hat Oma recht: „Vorbeugung ist besser als Heilung."

Schlusswort:

Wenn Sie unter Hautkrankheiten wie:

- Neurodermitis,
- Couperose,
- Altersflecken,
- Schuppenflechte,
- trockener oder fettiger Haut,
- zu tiefer Faltenbildung etc.

leiden, dann haben Sie die Möglichkeit, das Ruder selbst in die Hand zu nehmen, um neue Bio-Hautwege zu beschreiten. Auch, wenn Ihre Zweifel, was Schönheit, Attraktivität und die damit verbundenen Gesetzmäßigkeiten anbelangt, in bestimmten Lebensphasen stärker sind als Ihr Selbstwert, können Sie sich bewusster hinterfragen. Mit dem wachen Gefühl für die eigene Haut und die eigenen Belange gepaart mit einer echten hochwertigen BioHautcrme DiVeda steht die Ampel für Sie auf Grün, ein gesünderes und schöneres Hautbild zu bekommen.

Aber wie sagt Oma immer: „Es klopft keiner an der Tür. Man muss schon selbst ins Handeln kommen." Recht hat sie. Auch wenn es nicht immer leicht fällt – hinterher wird man meistens belohnt, wenn man etwas für sich tut. Also tun Sie's.

Unsere Haut ist mit einer Oberfläche bis zu 2 Quadratmetern und einem Gewicht von bis zu 10 Kilogramm Schutzschild und Sinnesorgan zugleich. Sie wissen ja, die vorgenannte Kilozahl dürfen Sie das nächste Mal ruhig von Ihrer Gewichtsangabe auf der Waage abziehen.

Oder auch nicht. Denn wie sagt Opa: „Von einem Menschen, den man liebt, kann gar nicht genug da sein."

In diesem Sinne:

Bleiben Sie schön, ein Leben lang – zumindest in Ihrer Seele.

Ein schönes und gesundes Hautgefühl

wünscht Ihnen

Undine Wolfram

- Buchautorin -

Kosmetikerin und Haut-Therapeutin

Quellen/Nachweise

Margot Hellmiß — Natürlich heilen mit Apfelessig, Südwest Verlag 1997

Christian Opitz - Irrtümer des Verstehen-Wollens im Bereich Gesundheit, Befreite Ernährung und MRT (funktionale Magnetresonanz-Tomographie, Mai 2016

Bruce Lipton Ph.D. — Intelligente Zellen, Koha-Verlag 2010

Zentrum der Gesundheit (2016) Selbstheilungskräfte aktivieren - Wenn Gedanken heilen

Öko-Test Wimperntusche, April 2012

Carstens-Stiftung — Wissenschaftlich Propolisstudie

— Die antibakterielle Wirkung und Inhaltsstoffe

— Oxidativen Stress

NanoInfo — UVB/UVA-Filter

Ärzte Zeitung, Dezember 2014 — Haut Spiegel der Seele

Leopold Bergmann — Sonnenschutz giftig, Mai/2008

Haut- und Laserzentrum — Haartransplantation Männer, Oktober 2016

Galderma Düsseldorf, 2015 — Hyaluronstudie

Kosmetisches Praxismagazin — Hyaluron, Ein legendärer Wirkstoff, 2008, 2015

RegulatesSkin Homeastasis, 2013

Naturkosmetikportal: - Parabene, Juli 2014/2016
                      - Mineralöle und Auflistungsliste

Zentrum für Gesundheit (Zürich), Oktober 2015

Marion Schimmelpfennig   - Giftcocktail-Körperpflege,
Fischerverlag 2014

Dr. Rosina Sonnenschmidt   - Haut und Lymphsystem –
Bastionen der Immunkraft,   Narayana Verlag 2011

Dr. Rosina Sonnenschmidt   - Sinnesorgane – Wunder-
werk der Kommunikation,   Narayana Verlag 2011

Advertisment Standard Authority (ASA)   - Werbung und das Schummeln **Wimperntusche**, 2005

Undine Wolfram   - **Leben, Schönheit und alles Cremige**
                    Bod Norderstedt Verlag, 2015

Studie: Professor Penke   - Biologische Persönlichkeitspsychologie, 2016

Studie der Florida State University; Dr. Bahram H. Arjmandi Äpfel und Cholesterien

Dr. Ruediger Dahlke, -Seeleninfarkt, Scorpio Verlag Berlin-München, 2012

Zentrum der Gesundheid   - Gefährliche Gifte in der Kosmetik, August 2016

NDR.de Keime: Hände waschen oder desinfizieren

Dr. Chr. Reichert   - Aktion Saubere Hände

Thomas Christensen   - Hygiene

Berliner Morgenpost   Wissen -Warum wir das Gehirn für gute Vorsätze austricksen müssen

Johanna Paungger   - Alles erlaubt! Zum richtigen Zeitpunkt, Goldmann Verlag, 2014

Journal Quintessence - Die ungeschminckte Wahrheit über KOSMETIK

Journal Quintessence - **Sonnenlicht** Lebenswichtig & Risikofaktor

Klaus Martens – Heilung unerwünscht, 2009 DuMont Buchverlag, Köln